열 여덟 가지
인문학 개념으로
살 펴 보 는

평화
사전

열 여덟 가지
인문학 개념으로 살펴보는

평화 사전

1판 1쇄 2024년 8월 15일

지은이 변준희 **펴낸이** 모계영
펴낸곳 가치창조 **출판등록** 제406-2012-000041호
주소 경기도 고양시 일산동구 중앙로1347, 228호(장항동, 쌍용플래티넘)
전화 070-7733-3227 **팩스** 031-916-2375 **이메일** shwimbook@hanmail.net

ISBN 978-89-6301-351-0 03300

열 여덟 가지
인문학 개념으로
살 펴 보 는

평화 사전

변준희 지음

가치창조

• 책을 펴내며 •

아버지는 평화를 지키는 대한민국 육군 장교셨다. 나는 20년 가까이 군인 가족으로 자라는 동안 평화는 안보 이상의 의미를 지닌다는 것을 누구에게도 배우지 못했다. 분단 현실이 비정상적이라거나 폭력적이라고 인식하지도 못한 채 여느 청소년들처럼 입시 스트레스를 견뎌 내며 성인이 되었다. 작가의 꿈을 갖고 있었기에 인문학부에 입학해 국어국문학을 전공했다. 그때도 평화 도서나 교육을 접해 본 기억이 없다.

졸업을 앞두고 동아리에서 Vision Trip을 간다며 강의를 듣게 했다. 중국에 있는 탈북자를 만나는 것을 대비해 북한에 대한 이해와 분단 현실을 일깨워 주는 내용이었다. 지금 생각해 보면 그게 내 생애 처음 받아 본 통일교육이었다. 그때를 계기로 비로소 분단이 얼마나 큰 폭력이고 고통인지 인식하게 되었고, 통일 문제에 관심이 생겼다. 통일학 공부를 하고 통일교육과 통일운동을 했다.

통일교육을 하면서 평화교육 담당자들과 함께 연구할 기회가 있었고, 그 과정에서 처음으로 평화학을 접할 수 있었다. 본격적으로 평화 관련 도서를 읽기 시작한 것은 통일운동의 한계를 경험한 이후부터였다. 평화 없는 통일은 가능하지 않거나 더한 폭력이 될 수 있다는 사실에 직면했다. 구성원들이 먼저 평화 역량을 갖추지 않는 한 수많은 노력으로 성취한 평화도 오래가지 못한다는 걸 알았다. 나부터 변해야 했다.

평화학은 폭력적 갈등의 원인을 찾아내고, 평화의 조건들을 연구하여 평화 증진에 기여하는 학문이다. 생각해 보면 삶이란 무수한 갈등의 연속이니, 갈등을 잘 해결하는 능력은 일상의 평화와 행복을 위해 얼마나 중요한 일인가? 게다가 분단체제로 인해 갈등과 폭력이 만연한 한반도에서는 평화 공부가 더 절실하지 않은가? 그럼에도 불구하고 평화학을 좀처럼 접하기 어려운 현실이 참으로 안타깝다.

평화 공부를 하면 할수록 평화의 범위가 얼마나 방대한지, 평화가 우리 일상의 삶과 얼마나 긴밀히 맞닿아 있는지를 실감하게 된다. 평화와 연관된 다양한 개념을 살피며 정말 많은 배움이 있었고, 이걸 조금 더 빨리 알았다면 얼마나 좋았을까 생각했다. 어떤 지식은 해결되지 않았던 고민에 대한 답을 주고 마음에 자유를 주기도 했다. 평화를 탐구하는 여정은 끝이 없겠지만 이 책이 누군가의 시작을 도우면 좋겠다.

만약 출판사에서 『열 여덟 가지 인문학 개념으로 살펴보는 평화 사전』 집필을 먼저 제안해 주시지 않았다면 감히 이 작업을 시작할 엄두를 내지 못했을 것이다. 가치창조 출판사 모계영 대표님께 감사하다. 또한 나보다 앞선 학자들의 연구 결과물이 없었다면 저술 자체가 불가능했을 것이다. 도움 주신 서울대학교 통일평화연구원 서보혁, 김병로 교수님을 비롯하여 참고했던 모든 서적의 필자들에게 감사를 표한다. 평화를 위한 일에 불러 주신 하나님과 사랑하고 존경하는 아버지 어머니께 감사하고, 늘 힘이 되어 준 가족과 응원해 준 모든 분에게 참 고맙다.

이 책에서는 다양한 평화 개념을 다루기보다 평화와 인접해 있는 가치들, 평화와 연관된 개념들을 통해 평화에 대한 이해를 높이고자 했다. 지면의 한계로 다루지 못한 개념도 있음을 밝힌다. 평화를 '지키는' 일에 헌신하는 사람들이 필요한 만큼, 평화를 '만들고' 굳건히 '세우는' 일에 헌신할 사람들이 필요하다. 부족함이 있지만 이 책이 독자들에게 닿아 평화에 대한 이해와 실천을 연결해 주는 일에 사용되길 기대한다.

• 서문 •

평화의 개념과 영역, 책의 구성

평화의 개념

오랫동안 평화는 '전쟁이나 분쟁이 없는 상태'와 동일시되었다. 평화는 보편 가치이지만 추상적 구호로 더 많이 사용되었고 시대와 문화, 종교에 따라 저마다 정의가 달랐다. 사전적 의미로 '평화平和'는 평온하고 화목함, 전쟁이나 분쟁 또는 모든 갈등이 없이 평온한 상태를 뜻한다. 하지만 지금도 갈등과 폭력, 전쟁이 끊임없이 일어나고 있는 상황에서 이것은 비현실적이고 이상적 개념이라 여겨졌다. 무력 분쟁이 없다 해도 평화롭지 못한 상태는 얼마든지 존재할 수 있으니, 평화와 비평화를 구분할 인식 틀이 필요했다.

20세기 중반 이후에서야 노르웨이의 평화학자 요한 갈퉁Johan

Galtung이 평화를 '소극적 평화'와 '적극적 평화'로 구분하여 그 개념을 확장했다. 전쟁이나 물리적 폭력이 없도록 현상 유지하는 상태가 소극적 평화라면, 전쟁이나 폭력의 구조적이고 근본적 원인이 해소되어 조화, 통합, 협력, 정의, 다양성 등의 긍정적 가치가 발현되는 상태가 적극적 평화이다. 갈퉁은 직접적 폭력 이외에도 이면의 구조적 폭력과 문화적 폭력을 통찰했고, '모든 종류의 폭력이 없거나 폭력이 감소하는 것', '갈등을 폭력 없이 공감과 창조성을 통해 전환하는 것'을 평화라고 정의했다.

디터 젱하스Dieter Senghaas는 요한 갈퉁과 함께 비판적 평화 연구의 흐름을 이끈 평화학자이다. 1990년대 초부터 젱하스는 현실 정치에서 당연시되던 베게티우스의 말, '평화를 원한다면 전쟁을 준비하라'를 비판하며 '평화를 원한다면 평화를 준비하라'라고 하였다. 안보 중심 평화관은 전쟁 억제의 효과가 있을지 몰라도 근본적인 해결책이 될 수 없고, 오히려 군비 경쟁을 통해 새로운 긴장을 만드는 함정이 있다는 것이다. 따라서 젱하스는 평화라는 결과를 원한다면 그 결과를 낳을 원인을 찾아 정착시켜야 한다는 인과적 평화에 기초해 '문명화로서의 평화'◆1 개념을 정리했다.

이 외에도 세계 평화학계에서는 '정의로운 평화', '안정적 평화', '양질의 평화', '해방적 평화', '일상적 평화' 등 다양한 평화 개념이 소개되었다.◆2 평화학자들의 이러한 노력으로 더 강력한 힘을 통해 평화를 달성할 수 있다는 고정관념이 깨어질 수 있었고, 평화를 위한 새로운 방향성이나 대안, 교육의 틀이 제시되기도 했다. 그러나 대한민국에서는 분단으로 사상과 토론, 학문과 의사 표현의 자유가 억압되면서 평화 논의가 위축되고 평화 연구가 지체되었다.◆3 더 늦기 전에 평화가 곧 안보라는 등식에서 벗어나 국제 사회가 지향하는 보편적인 평화에 대해 알아 가고 실천해야 한다.

국제 사회가 지향하는 보편적 평화교육의 틀◆4 예시

	기존 한계점	변화 방향성
평화	힘의 우위	국가 간 이해와 상호 공존
군축	군비 경쟁	비핵화, 절대 군축
안보	군사적 안보	사회적·인간 안보
한민족	애국주의로 미화	글로벌 시민으로 참여
문화화	문화적 배타주의	다문화 포용주의
태도	비정치적 태도	적극적 참여 태도
가치	경쟁과 나눔	인권 존중과 사회 정의
행동	비폭력적 침묵	비폭력적 행동
환경	개발주의	지속가능한 발전
학교 구조	개인적 관료주의	공동체적 교육 복지
학교 규율	통제와 서열화	자율 규제
교육 과정	교과서/교사 중심	경험/학생 중심

(**출처** 한국국제이해교육학회: 모두를 위한 국제이해교육 [도서출판살림터, 2015], p.66)

평화의 영역

평화의 영역은 '정신적 평화', '정치·군사적 평화', '사회·경제적 평화', '생태 평화', '제도적 평화'로 구분해 볼 수 있다. 먼저 정신적 평화는 평화로운 영혼이나 마음의 자세, 태도를 갖는 것이다. 국내에서 이뤄지고 있는 평화교육 중 비폭력 대화(갈등을 평화적으로 해결할 수 있는 긍정적 대화의 방법을 훈련하는 교육)와 갈등 전환 교육, 회복적 생활 교육(갈등을 비폭력적으로 전환하고 피해 회복과 관계 회복에 초점을 두는 교육) 등은 이와 관련 있다. 평화교육은 '가치와 지향, 사유와 심성에서 비폭력적 삶의 방식을 익히도록 함으로써 갈등에 대한 평화적 감성과 태도를 강화하는 것'◆5을 주요 목표로 한다.

정치적 평화란 경쟁하는 정치 집단들 간에 관계가 회복된 상태이고, 군사적 평화란 전쟁과 분쟁 같은 물리적 폭력이 없는 상태이다. 정치적 평화와 군사적 평화는 서로 뗄 수 없는 긴밀한 관계이다. 정치·군사적 평화를 위해서는 먼저 서로 실체를 인정하는 바탕 위에 폭력이 아닌 대화와 타협으로 분쟁을 끝내야 한다. 정치적 평화가 뿌리내리려면 분쟁의 원인을 밝히고, 피해를 치유하는 법 제도를 만들며, 시민들의 지지와 참여를 통해 평화를 굳건히 세워 가야 한다. 전쟁을 치른 국가들 사이에

는 적대 관계 해소, 평화 협정 체결, 관계 정상화를 통해 상호 협력 관계로 나아갈 수 있다.◆6

사회적 평화란 사회 구성원들 간에 공정하고 평등하며 협력적인 관계 속에 상생하는 상태이고, 경제적 평화란 사회 구성원이 생활하는데 기본적인 물질적 조건이 갖춰진 상태이다. 사회적 평화와 경제적 평화 또한 밀접하게 연관되어 있는데, 생존과 발전을 위한 물질적 조건이 확보되어 있어야 인간다운 삶을 살 수 있고 사회 전체의 평화를 대비할 수 있기 때문이다. 사회적 평화가 이루어지려면 화해와 협력이 필수적이다. 화해는 분쟁 집단 간의 적대와 분노를 내려놓고 진실과 책임을 규명하고 인정, 사과, 배상, 기억을 통해 상처를 치유하면서 미래를 향해 협력하는 노력이다. 이러한 화해의 노력과 함께 분쟁에 참여했던 집단들이 함께 협력해야 한다.◆7

생태 평화란 인간과 동물, 인간과 자연의 관계에서 세상 모든 살아 있는 존재의 가치를 인정하고 그 생존을 보호·복원·보전하는 것이다. 인간은 개발 지상주의와 소비 지상주의, 분쟁과 전쟁으로 생태 환경을 파괴하고 있다. 인간의 끝없는 욕망과 환경을 마음대로 다루어도 된다는 오만함, 환경 파괴에 대한 무감각이 삶의 터전인 생태 환경을 위협하고 있다. 그로 인한 기후 위기와 감염병은 심각하다. 인간이 동물과 자연을 지배하려는 것이 아니라 동반자 관계로 전환해야 생태 폭력을 줄이고 생태 평화를 기대할 수 있다.◆8

제도적 평화란 평화를 지속시키기 위해 평화 협정, 평화 조약과 같은 법과 제도적인 요건들을 만들어 실천하는 상태이다. 전쟁에서 일방의 승리로 끝나는 경우를 제외하고, 전쟁은 대부분 평화 협정을 체결하여 종결된다. '평화 협정'이란 분쟁 당사국 최고 지도자나 그 위임을 받은 대표 간에 적대 행위를 끝내고 평화 회복을 목적으로 맺는 정치적 합의를 말한다. 평화 협정은 체결 이후에도 무력 분쟁이나 국내외 정치적 영향을 받아 깨질 수 있다. 그럼에도 평화 협정은 평화 실현을 위한 기본적인 제도적 장치로서 필요하며 의미가 있다. 더 중요한 것은 협정의 이행과 실천 과정이다.◆9

이 밖에도 평화는 정치 집단, 기업, 종교, 언론, 학교, 군대 등 사회의 각 집단에서도 찾아볼 수 있고 그만큼 비평화적 측면도 각 정치 및 사회 영역에서 생각해 볼 수 있다. 또 평화는 국가 간 관계, 국가와 타 비국가 행위자, 혹은 국가와 비국가 행위자를 포함한 여느 사회집단과 생태계와의 관계에서도 살펴볼 수 있다. 문제는 이들 각 영역과 차원에서 평화의 깊이와 넓이는 다양하고, 여러 가지 관련 요소들의 상호 작용으로 그 지속성이 결정된다는 점이다. 평화와 흔히 폭력으로 불리는 비평화의 관계도 앞서 말한 요소들의 영향으로 상대적으로 결정될 수 있다. 평화 논의에서 유의할 점은 이론과 달리 현실에서 평화는 비평화와 공존하며 그 상대적 크기에 따라 평화의 수준과 양상이 만들어진다는 사실이다.

책의 구성

이 책은 평화와 인접해 있거나 관련 있는 개념 열여덟 가지를 가나다 순으로 알기 쉽게 풀이하고 요약해 정리한 사전이다. 사실 이 중 한 가지 개념만 제대로 이해하는 것도 간단치 않을 만큼, 각각의 개념마다 방대한 연구가 이루어져 있었다. 하지만 이 책은 관련된 모든 이론적 논의를 정리하는 것이 목적이 아니라, 각각의 개념을 알기 쉽고 간략하게 전달하여 평화에 대한 이해를 돕는 데 목적을 두었다.

지면의 한계상 각각의 낱말을 해설하는데, 그 의미를 포함하여 다섯 가지 소주제로 한정했고 분량도 제한했다. 따라서 관련 개념어에 대해 충분히 다루지 못한 내용도 있고, 평화와 연관된 개념이지만 다루지 못한 주제도 있다. 따라서 이 책에서 다룬 열여덟 가지 개념은 평화와 인접해 있고 연관된 개념이지만 이것이 전부는 아님을 밝힌다.

평화 연구는 ① 갈등과 싸움의 원인을 분석하고 해결하는 것, ② 지속 가능한 평화의 조건을 어떻게 만들어 갈 것인가와 관련되어 있다. 또한 평화 연구는 ③ 폭력 또는 분쟁 연구와 연결되어 있다. 『열 여덟 가지 인문학 개념으로 살펴보는 평화 사전』에 수록된 낱말 열여덟 개는 이 세 가지 주제와 밀접한 개념 중심으로 선별하였다. 특히 '전쟁, 분단, 통일, 통합'과 같은 주제는 남북으로 나뉘어 평화가 정착되기 어려운 한반도의 현실을 고려하여 서술하였다.

또한 같이 읽으면 좋은 개념을 표시해 두어, 연결된 개념과의 상관관계를 생각해 볼 수 있도록 하였다. 따라서 이 책은 가나다순으로 읽기보다는 서로 관련성이 높은 개념을 찾아 연이어 읽어 가기를, 단숨에 읽기보다는 각각의 개념이 궁금할 때마다 펼쳐 보기를 권한다. 그런 가운데 평화가 얼마나 다양한 의미를 포용하고 우리가 중시하는 보편 가치들과 연관되어 있는지 알아 갔으면 좋겠다.

• 차례 •

ㄱ

갈등

공감

ㄷ

대화

ㅁ

민주주의

ㄱ

갈등

갈등의 의미
갈등의 종류
갈등 대응 방법
갈등 해결 방식
갈등 해결 이론

공감

공감의 의미
공감하지 못하는 이유
공감을 방해하는 요소
공감 과정 및 실천 단계
공감으로 듣는 연습

갈등 칡 갈 葛, 등나무 등 藤

갈등의 의미

갈등을 어떻게 다루느냐에 따라 평화로워질 수도 있고 그 반대가 될 수도 있다. 그래서 평화를 원한다면 갈등의 문제를 어떻게 다뤄야 할지에 대해 배우는 과정이 필요하다. 갈등과 싸움은 다르다. 싸움은 갈등이 생겼을 때 대응하는 방식 중 하나이지만, 갈등이 생겼을 때 싸움이 아닌 다른 방법으로 해결할 수도 있다.

갈등은 한자로 칡 갈(葛) 자에 등나무 등(藤) 자로 '칡과 등나무'라는 뜻이다. 칡은 오른쪽으로 감으면서 올라가고 등나무는 왼쪽으로 감으면서 올라가 '대립'하고 서로 칭칭 감기면서 '충돌'이 생기기 때문에 갈등의 어원이 되었다. 갈등의 사전적인 의미를 살펴보면 '일이나 사정이 서로 복잡하게 뒤얽혀 화합하지 못함을 비유하거나, 서로 뜻이 어긋난 견해, 처지, 이해관계의 차이로 생기는 충돌'을 말한다.

살아가면서 갈등을 피할 수는 없다. 그리고 누구도 갈등 앞에서 완벽하게 대처할 수는 없다. 갈등 다루기에 능숙해지려면 많은 시행착오를 겪어야 한다. 그렇지만 갈등에 어떻게 대처할 것인지는 우리가 선택할 수 있고, 대응 방법을 배우고 연습하여 더 나은 방향으로 갈등을 해결해 나갈 수 있다.

"학생들이 앞으로 사회에 진출해 있을 시기인 2030년 무렵, 미래 사회를 잘 살아가기 위해 가장 필요할 것으로 예상되는 핵심 역량은 무엇일까?" 이에 대한 고민에서 출발한 사업이 'OECD 교육 2030 : 미래 교육과 역량' 프로젝트다. 연구 결과 '새로운 가치를 창조할 수 있는 능력', '자신의 행동에 책임을 지고 수용할 수 있는 능력'과 함께 '긴장과 딜레마에 적극적으로 대처하고 해소하는 능력'이 필요한 핵심 역량으로 발표되었다. 상호 의존적일 수밖에 없는 인간 사회에서 잘 살아내기 위해 '갈등 상황에 대한 대처와 긴장 해소 능력'이 반드시 필요하다는 것이다.◆10

사람들은 대개 갈등을 나쁜 것이나 피해야 할 것으로 보는 경향이 있다. 갈등이 생길 때 불편한 감정이나 관계의 틀어짐, 심리적인 스트레스 등이 동반되기 때문이다. 그런데 갈등을 부정적으로만 인식하면 갈등을 폭력적으로 해결하려는 잘못을 범할 수 있다. 갈등은 주로 변화가 필요한 상황에서 생긴다. 갈등은 문제의 핵심을 볼 수 있게 하는 중요한 계기가 된다.◆11 그래서 갈등을 계기로 오히려 건강한 관계를 만들고 더 나은 방향을 위해 필요한 변화를 가져올 수 있다.

갈등의 종류

인간의 삶을 반영한 모든 소설에는 반드시 '갈등'의 요소가 있다. 갈등은 사건 발생 원인을 제공하고, 인물의 성격이나 가치관을 드러나게 하며, 작품의 주제를 드러낸다. 갈등은 크게 '내적 갈등'과 '외적 갈등'의 두 종류로 나눈다. 내적 갈등이 한 인물의 '마음속에서 일어나는 심리적 갈등'이라면, 외적 갈등은 '인물과 외부의 요소가 겪는 갈등'이라고 볼 수 있다. 외부적 요소에는 인물과 인물의 갈등, 인물과 사회의 갈등, 인물과 자연의 갈등, 인물과 운명의 갈등이 있다. '인물과 인물의 갈등'은 각자의 욕구나 사고방식, 이해관계 등이 대립하면서 생기는 갈등이고, '인물과 사회의 갈등'은 인물이 자신이 속한 소속이나 단체, 집단, 사회 제도에 적응하지 못하는 상황에서 생기는 갈등이다. '인물과 자연의 갈등'은 태풍, 홍수, 지진, 가뭄과 같은 자연재해로 고난을 겪으면서 생기고, '인물과 운명의 갈등'은 정해진 어떤 운명을 거부하고 저항하며 극복하려고 노력하면서 생긴다.◆12

우리가 살아가면서 겪는 경제적·사회적·물질적·심리적인 모든 것들이 갈등의 이슈가 될 수 있다. 2021년 6월, 영국 '킹스컬리지'가 발간한 보고서에는 전 세계 28개국 시민 2만 3천여 명을 대상으로, 12개 갈등 항목에 대해 얼마나 심각하게 느끼는지 조사한 결과가 발표되었다. 갈등의 종류는 무궁무진하겠지만, 조사 항목에서는 '이념, 빈부, 성별, 학력, 정당, 나이, 종교, 인종, 계급, 권력, 도농, 이주민' 이렇게 열두 가지를 대표적으로 선정했다. 문제는 설문 조사 결과 한국 사회의 갈등이 심각한 수준으로 나타난 것이다. 우리나라의 경우 정치 이념, 빈부 격차, 성별 갈등, 학력 차이, 지지 정당, 나이 차이, 종교 대립, 이렇게 무려 일곱 가지 항목에서 세계 1위를 차지했다. 특히 빈부 격차에 따른 갈등이 심각하다고 응답한 비율은 91%에 달해 전 세계 28개국 평균 74%보다 크게 웃도는 수치다. 성별과 나이 갈등이 심각하다고 응답한 비율도 80%에 달해 전 세계 평균 40%대보다 2배 가까이 높다.◆13 국내 한 언론 기관과 빅데이터 분석 업체가 2018년 1월 1일부터 2022년 3월 15일까지 수집한 자료를 기초로 종합 갈등 지수를 산출한 결과도 의미심장하다. 4년 새 한국 사회 종합 갈등 지수는 거의 두 배 가까이 높아졌는데, 주된 역할을 한 것은 '진영 갈등'과 '일터 갈등'이었다.◆14

한국은 OECD 가입국 갈등 지수 순위에서도 세계 3위를 기록한 바 있다. 30개국 중에서 '갈등 지수'는 최상위 수준인 데 비해, '갈등 관리 지수'는 최하위 수준이다.◆15 갈등 관리가 잘 이루어지지 않고 있다는 뜻이다.

갈등 대응 방법

갈등 해결 방식을 크게 두 가지로 나눈다면 '폭력적 갈등 해결' 방식과 '평화적 갈등 해결' 방식이 있다. 폭력적 갈등 해결은 갈등 자체를 나쁜 것으로 보고 폭력으로 갈등을 해결하려는 방식이다. 이 방식을 선택했을 경우, 갈등이 해결된 것처럼 보일지 몰라도 실제로는 해결되지 않고 잠복하는 상태가 될 뿐이다. 억눌린 갈등은 어떤 계기를 통해 폭발해 파괴적인 방식으로 나타날 수 있다. 무력이나 법으로, 싸워서 해결하려는 경우 패자가 된 사람은 보통 승자를 인정하지 않는다. 패자의 마음에는 한이 남고, 갈등 당사자로서 인간 혹은 인간관계가 온전치 못하게 된다. 따라서 갈등은 대화와 소통을 주된 수단으로 활용하는 평화적 갈등 해결 방식으로 푸는 것이 좋다. 이를 위해서는 상대를 적이 아닌 '문제 해결자'라고 바라보는 관점이 필요하다. 상대는 갈등 유발자이기도 하지만 동시에 문제 해결자라는 사실을 인정하는 것이다. 상대에게 나도 마찬가지다. 이렇게 생각하면 상호 의존적인 자세로 '협상'과 '조정'을 통해 문제를 해결해 나갈 수 있다.•16

갈등에 반응하는 방식에 따라 '반사적 반응'과 '의식적 반응'으로 구분하기도 한다. '반사적 반응'은 갈등으로 인해 화가 나거나 흥분하여 스트레스 호르몬이 분비된 상태에서 하는 반응이다. 스트레스 상태에서는 이성적이고 합리적인 해결보다는 '힘'으로 상대를 제압하려는 시도가 이뤄진다. 따라서 사소한 사건도 싸움으로 이어지기 쉽고, 심지어 상대방의 신체에 폭력을 가하기도 한다. 또한, 상대방을 이해하기 위한 노력보다, 상대를 '적'으로 인식하며 제압하려는 자세를 취하게 되어 온전한 대화가 어렵고 관계 형성에도 부정적 영향을 미치게 된다. 반면 '의식적 반응'은 갈등 상황 속에서 문제 해결에 집중하는 반응이다. '저 인간 왜 저래?'라는 생각이 스트레스 반응이라면 '저 사람이 화를 내는 이유가 뭘까?'라는 생각이 의식적 반응이다. 의식적 반응을 하기 위해서는 화가 나는 순간 일단 '멈춤'을 해야 한다. 그런 다음 '상대방의 행동 원인에 초점'을 맞춘 후 '해결해야 할 문제'를 파악한다. 이렇게 하면 문제 해결 능력을 높이고 대인 관계 능력도 향상되어 더 큰 갈등을 예방하는 데 도움이 된다.◆17

갈등이 생겼을 때 '폭력적 해결 방식'이 아닌 '평화적 해결 방식', 그리고 '반사적 반응'이 아닌 '의식적 반응'으로 대응할 수 있도록 선택하고 노력할 필요가 있다.

갈등 해결 방식

갈등을 해결하는 방식은 여러 가지가 있다. 먼저 3F's를 소개하면 'Fight(맞서기)', 'Flight(피하기)', 'Frozen(굴복하기)'의 해결 방식이다. Fight(맞서기)는 갈등 상황에서 같이 맞서 힘겨루기를 하는 것이다. 스스로 자기 행복을 지키기 위해서 싸워야만 할 때는 맞서기가 필요하다. 전략적으로 행동하거나 싸우는 것이 나쁜 것만은 아니다. Flight(피하기)는 갈등의 이해득실이나 상황 자체에 응하지 않고 피해 버리는 것이다. 문제가 사소해서 갈등을 키울 생각이 없거나, 더 중요한 것에 마음을 쏟아야 할 때, 갈등에 부딪힐 여력이 없을 때 회피를 적절하게 구사하는 것이 도움이 되기도 한다. 이는 갈등이 더 깊어지지 않게 만드는 효과가 있다. Frozen(굴복하기)은 상대방이 바라는 대로 들어주는 것이다. 개인의 이해득실보다 상대방과 좋은 관계가 더 중요하다고 생각한 경우에 주로 선택한다. 양보는 단기적으로는 손해 같지만 장기적으로는 더 좋은 결과를 가져오기도 한다. 갈등을 빨리 마무리 짓는 효과도 있다.◆18 이 세 가지의 해결 방식은 어떤 것이 더 좋다고 단정해서 말할 수 없다. 갈등 상황이 무엇인지에 따라 위 세 가지 중 어떤 한 가지를 선택할 수도 있고, 다양한 전략 속에서 세 가지 방식을 적절히 사용하여 갈등을 다룰 수도 있다. 즉, 상황에 따라 융통성을 발휘하고 복합적 대응을 통해 자신에게 유리한 결과를 얻을 수 있다. 이때 가장 중요한 것은 선악의 적대적 프레임을 벗어나는 것이다.◆19 잘잘못을 따지는 것에 몰두하게 되면 오히려 문제 해결이 어려워진다.

사회심리학자 블레이크와 모우톤은 갈등에 대응하는 행동의 특징을 다섯 가지로 분류했다. '승패(나 승리)'는 자신의 목표만 추구하고 상대의 목표는 무시하는 방식이다. 이 방식을 사용할 때는 싸움이 일어나기 쉽다. 이와 반대로 '패승(너 승리)'은 자신보다 상대의 목표가 이루어지도록 한다. '패패(포기/회피)'는 상대의 목표와 자신의 목표 둘 다를 외면해 버린다. 패승과 패패의 방식은 관계를 우선시하는 이들의 접근일 수 있으나 문제를 해결하기는 어려워진다. 타협(1/2승)은 상대의 입장을 일정 부분 수용하여 양보하면서 합의점을 찾는 것이다. 승승(상생/협력)은 자신과 상대 모두의 목표를 고려해 문제를 해결하고 협력적인 관계를 유지하는 방식으로 윈윈의 결과를 만들어 낼 수 있다.[20] 타협과 승승의 방식으로 갈등을 해결하면 원하는 목표도 얻고 서로의 관계를 잘 유지하게 된다. 갈등 다루기를 잘하면 자신에게 유리한 결과를 얻고, 빨리 갈등을 마무리할 수 있다.

갈등 해결 이론

평화학의 대가 요한 갈퉁Johan Galtung은 평화를 위해 '갈등을 감소시키는 것'과 '비폭력적으로 갈등을 전환하는 것'을 강조했다. 서로 다른 입장과 견해가 대립하고 충돌하여 어떤 갈등이 '행위'로 드러났을 때, 그것은 빙산의 일각처럼 갈등의 극히 일부분에 지나지 않음을 알아야 한다. 보이는 갈등 밑에는 '태도'와 가치의 문제가 있고, 심각한 '모순'이 깔려 있음을 뜻한다. 이것이 갈퉁이 표현한 행위-태도-모순의 갈등 삼각 구도이다.[21]

갈퉁은 폭력의 문제도 마찬가지로 물리적 폭력-구조적 폭력-문화적 폭력의 삼각 구도로 표현했다. 어떤 폭력이 '물리적(직접적)

폭력'으로 드러났을 때, 그것은 일부일 뿐 보이는 폭력의 기저에 '구조적 폭력'과 '문화적 폭력'이 존재함을 뜻한다. 물리적 폭력은 사람의 몸과 마음에 가하는 육체적·정신적 폭력이다. 이에 비해 구조적 폭력은 정치적 억압이나 경제적 착취와 같이 간접적인 폭력이다. 문화적 폭력은 종교, 사상, 언어, 예술, 과학, 법, 대중 매체, 교육 등을 통해 물리적 폭력과 구조적 폭력을 정당화하는 폭력이다.◆22

이처럼 갈등과 폭력이 세 가지 차원에서 구성되어 있으므로, 이 세 가지 차원에서 문제를 해결하려는 노력이 있어야 갈등을 해결하고 평화를 실현할 수 있다. 물리적 폭력을 다루려면 억제를 위한 직접적인 힘을 작동시켜야 한다. 구조적 폭력을 개선하기 위해서는 '대결(갈등의 중심이 되는 한 쟁점을 선택하는 행위)', '투쟁(억압과 착취를 극복하기 위한 비폭력 투쟁)', '단절(불매 운동이나 파업과 같은 비협력 운동)', '재결합(덜 폭력적인 구조 건설)'의 네 가지 방법을 쓸 수 있다.◆23 또한, 문화적 폭력을 줄이기 위해서는 무엇이 옳고 그른지 설득할 수 있는 문화적 영향력이 발휘되어야 한다. 이 과정에서 정치적 힘을 사용해서 정책 결정을 통해 이러한 문제를 해결하

고 대안을 마련할 수 있다.◆24

요한 갈퉁은 갈등이 차이-모순-양극화-폭력의 단계로 점점 상승한다고 하였다. 사회적·문화적 '차이'에서 갈등이 시작되고, 그 차이가 발전해 행위자가 대립하는 '모순'이 되며, 차이와 모순이 쌓이면 '양극화'로 선악 구도가 되면서 '폭력'이 발생한다는 것이다. 폭력이 심화 되면 전쟁이 발생하므로 지도층 세력 간의 협상과 대화를 통한 전쟁 예방 노력이 중요하다. 갈등이 폭발한 이후 갈등 해소는 휴전-협정-정상화-화해 단계로 진행된다. 전쟁 이후 갈등을 해소하려면 '휴전'을 통해 평화 유지를 하고, 두 집단이 더 이상 싸우지 않기로 약속하는 '협정'을 맺어야 한다. 그 후엔 관계의 '정상화'를 위해 구조적인 평화를 만들고, 문화적 평화 구축 노력을 기울여 '화해'를 통해 평화를 실현할 수 있다.◆25

같이 읽어 보면 좋은 개념 공감 035 | 대화 051 | 분노 087 | 화해 297

공감 함께 공共, 느낄 감感

공감의 의미와 기능

공감이란 잠시 자신을 젖혀 놓고 상대방의 마음과 내면으로 들어가 마치 자신이 상대방인 것처럼 느끼고 생각해 보는 것이다. 다시 말해 상상을 통해 자신을 다른 사람의 생각과 느낌, 행동 속으로 위치를 바꿔 봄으로써 그의 내면에서 무슨 일이 벌어지는지에 대해 생각할 수 있는 능력이다. 공감이라는 단어는 19세기 독일 철학자들이 'Einfühlung(감정 이입)'이라는 말을 처음 사용하던 것에서 유래되었다. 처음에는 예술 작품이 보여 주는 아름다움의 '내부'로 감정을 이입시켜 예술 작품의 세계로 들어가 느낄 수 있는 정서적 능력을 지칭하는 개념이었는데, 이것이 훗날 'empathy(공감)'로

번역되어 사용되었다고 한다.◆26

공감에는 정서적 공감과 인지적 공감이 있다. 정서적 공감은 상대의 상태와 감정을 느끼고 알아차리며 이해하는 것이다. 이에 비해 인지적 공감은 상대의 배경과 입장에 대한 분명한 지식을 바탕으로 타인의 관점에서 상황을 바라보고 사고하는 것이다. 이 정서적 공감과 인지적 공감이 함께 작용해야 공감 능력이 높아진다. 또한, 공감은 타인의 마음과 생각을 알고 느끼는 것뿐만 아니라 상대의 심리적 경험에 대한 나의 이해와 연민, 수긍을 표현하고 소통하는 것까지 포함한다.◆27

공감은 인간관계의 원만함을 위한 필수 요소이다. 우리 삶은 관계로 시작해 관계로 끝이 나는데, 공감 능력을 갖추고 행동하는 것은 건강하고 의미 있는 관계를 맺기 위해 필수적이다. 공감을 받으면 마음이 든든해지고 따듯한 느낌이 솟으며 희망과 자신감, 친밀감이 생긴다. 공감 능력은 역지사지하는 능력, 곧 입장을 서로 바꿔 볼 수 있는 능력이므로 공감을 통해 충돌하고 갈등하는 일을 훨씬 줄일 수 있다.◆28 공감이 타인의 감정 상태를 파악하고 즉각적으로 반응할 수 있는 역할을 하기 때문이다. 또한, 공감 능력이 높을수록 자신은 물론 타인의 감정과 생각을 잘 조절하는 경향이 있다.

공감은 상대방을 치유해 주는 기능을 한다. 인간은 누구나 이해받고 싶은 욕망이 있는데, 공감이 곧 이해받는 과정이고 이것이 치유 과정으로 작용한다.◆29 이 때문에 상담 분야에서도 바람직한 변화를 이끌어 내기 위한 필수적 조건으로 '공감'을 포함하고 있다. 상담자가 공감, 수용, 진정성을 갖추면 상담 관계가 제 기능을 다하여 청담자의 바람직한 변화를 보장한다는 것이다. 이처럼 공감은 인간의 내면을 어루만져 바람직한 방향으로 변화시키는 힘을 갖고 있다.

공감하지 못하는 이유

사람의 뇌에는 공감적으로 반응할 수 있는 거울 뉴런과 거울 뉴런 체계가 있다. 뇌신경 생리학자들은 이 신경 세포와 신경 체계는 마치 거울처럼 다른 사람에게 일어나는 일을 곧바로 알아채고 반응하는 능력을 갖추고 있다고 말한다. 그래서 전혀 다른 두 사람이 짧은 시간 만나도 공감을 통해 서로 이해하고 소통이 가능한 것이다. 공감을 통해 입장을 서로 바꿔 볼 수 있는 능력이 있다면 사람들 사이에 충돌과 갈등, 상처는 훨씬 줄어들 수 있다.◆30 그런데 왜 우리는 서로 공감하지 못할까?

첫째, 이기심 때문에 공감 능력을 충분히 활용하지 않기 때문이다. 공감하는 마음을 열어 놓으면 상대에게 깊은 관심을 주게 되고 배려하는 행동을 하게 되는데, 이렇게 되면 자신을 위해 쓸 시간과 에너지를 빼앗긴다고 생각하는 것이다. 공감하려고 애쓰다 보면 자신이 오히려 손해나 피해를 본다는 생각에 공감하려는 마음을 외면할 때도 많다.◆31

둘째, 경험이나 훈련을 통해 공감 능력을 발전시키지 않았기 때문이다. 일상생활에 필요한 낮은 수준의 공감 능력으로 만족하고, 수준 높은 공감 능력을 익히지 않은 것이다. 이 경우 공감을 통해 관계를 보다 원만하고 고급스럽게 이끌고 싶어도 그 방법을 몰라서 못 하게 된다. 유난히 눈치가 없고 상대의 마음을 헤아리지 못해 불편한 분위기를 만드는 사람이 이에 해당한다.◆32

셋째, 유년기에 부모의 무관심과 방치, 학대와 폭력을 경험했기 때문이다. 부모에게서 적절한 돌봄과 애착 관계를 형성하지 못한 채 이러한 부정적인 경험 속에 길러진 아이들은 타인의 감정에 대한 무관심이 발달하게 된다. 이러한 경우 다른 사람을 괴롭히거나 해를 입히는 등 반사회적 행동으로 연결될 수 있어 위험하다. 실제로 흉악범과 사이코패스는 공감 능력이 현저히 떨어진다.◆33

물론 유전적인 요인에 의해 공감 능력이 낮거나 높을 수 있다. 하지만 공감 능력에 있어서 유전적 요인 못지않게 발달 과정에서 환경의 영향도 중요하다. 공감 능력이 없는 어른에 의해 학대받고 방치된 아이들은 감정을 인지하고 조절하는 데 어려움을 겪게 된다. 또한, 타인의 얼굴에 나타나는 감정 표현을 읽어 내는 능력도 매우 낮다. 그래서 사실과 다르게 상대의 얼굴에서 분노를 더 많이 읽어 내는 경향을 보인다. 공감적 양육을 받아 보지 못했기에 공감 자체를 모르고 타인에 대해서도 비공감적인 반응을 보이게 되는 것이다.◆34 이처럼 공감 능력의 부재는 자신을 불행하게 할 뿐만 아니라 타인을 위험에 빠뜨릴 수 있으므로 공감을 경험하고 훈련해야 한다.

공감을 방해하는 요소

공감하려면 마음을 비우고 우리의 존재 전체로 들으려고 노력해야 한다. 이것은 결코 쉬운 일이 아니다. 공감을 위해서는 다른 사람이 경험하고 있는 것을 존중하는 마음으로 이해하는 것이 무엇보다 중요하다. 이것은 우리가 말하는 상대방에 대해 가진 선입견과 판단에서 벗어났을 때 비로소 가능해진다.◆35

고통받고 있을 때 상대방이 위로로 해 준 말이 오히려 듣기에 거북하거나 상처가 됐던 경험이 있을 것이다. 그런데 우리 자신도 다른 사람들에게 그와 비슷한 방식으로 위로의 말을 해 온 것은 아닌지 곰곰이 돌아볼 필요가 있다. '비폭력대화센터CNVC' 설립자인 마셜 B. 로젠버그Marshall B. Rosenberg는 일상에서 우리가 흔히 하는 말 중에서 다른 사람과 공감으로 연결되는데 방해가 되는 요소를 알려 준다.

공감의 장애물은 첫째, '조언하기'다. "내 생각에 너는 ~해야 해." "왜 ~하지 않았니?"와 같은 말이다. 많은 사람이 상대방의 고충을 듣고 공감하는 대신 안심시키거나 조언하고 싶은 강한 충동을 느낀다. 하지만 공감이 필요한 사람에게 해결책을 말해 주는 것은 오히려 좌절감을 줄 수 있다. 둘째, '한술 더 뜨기'다. "그건 아무것도 아니야, 나한테는 더한 일이 있었는데……." 이런 말을 듣게 된다면 고통을 표현한 사람은 자신의 감정이 존중받지 못하고 부정당하는 느낌을 받을 수 있다. 셋째, '가르치려 들기'다. "힘들겠지만 네게 좋은 경험이니까 여기서 ~을 배울 필요가 있어." 이런 말 또한 공감과는 거리가 멀다. 주로 나이가 많은 사람이 자기보다 나이가 어린 사람에게 많이 할 수 있는 실수다. 넷째, '위로하기'다. "넌 최선을 다했어. 네 잘못이 아니야."와 같은 말은 상대의 기분을 나아지게 하려는 생각에서 한 말일 수 있지만, 그 사람이 겪는 고통에 온전히 함께한다는 느낌을 주지는 못한다. 다섯째, '다른 이야기 꺼내기'다. "그 말을 들으니까 생각나는데……."라고 말하며 자신의 경험담을 말하거나 화제를 돌리는 것이다. 여섯째, '말 끊기'다. "그만하고 기운 내."와 같이 말한다면 더 이상 상대에게 마음을 털어놓는 것은 불가능할 것이다. 일곱째, '동정하기'다. "참 안됐다, 어쩜 좋니?"와 같은 말은 다른 사람의 감정을 온전히 함께 느꼈다기보다는 안쓰럽게 생각하는 것이다. 여덟째, '심문하기'다. "언제부터 그랬는데? 그 사람 이름이 뭔데? 무슨 일이 있었는데?" 등

꼬치꼬치 묻는 것은 문제를 분석하고 치료하기 위해, 필요한 정보를 모으는 것으로 보일 수 있다. 이것은 머리로 이해하려는 태도이므로 공감을 방해한다. 아홉째, '설명하기'다. "내가 보니 그게 어떻게 된 거냐면……." 하고 설명하기보다 상대가 충분히 마음을 표현할 수 있도록 말을 끊지 않고 잘 들어주는 것이 더 중요하다. 열째, '바로잡기'다 "그건 네가 잘못 생각하고 있는 거야."와 같이 말한다면 고통받은 사람은 오히려 공감이 아닌 판단 받았다고 느낄 것이다.◆36 이처럼 고통받고 있는 사람에게 공감한다는 것은 어려운 것이다. 공감도 배우고 훈련해야 한다.

공감 과정 및 실천 단계

공감 능력은 어머니와 자녀 사이의 관계 속에서 심리적·정서적 과정이 얼마나 잘 소통과 교감 되었는지에 달려 있다. 또 사회성이 발달하는 과정에서 타인과의 관계를 통해 길러지기도 한다. 자신의 공감 능력이 부족하다면 공감이 일어나는 과정을 단계별로 잘 이해하고 실천해 봄으로써 키워 나갈 수 있다. 교육학 전문가들이 집필한 『공감 정복 6단계』라는 책에서 공감이 일어나는 과정 및 실천 단계를 6단계로 나누어 설명하고 있는데 그 내용은 다음과 같다.◆37

1단계는 '마음 비우기'다. 공감할 수 있으려면 가장 먼저 마음을 비워야 한다. 만일 마음에 다른 것이 차 있는 상태라면 상대의 이야기를 잘 들어 줄 수 없다. 자꾸 딴생각이 나거나 판단하는 마음이 들 수 있다. 자기 기준이나 생각을 비우고 상대방의 말에 온전히 귀를 기울여야 한다.

2단계는 '상대방의 언어 이해하기'다. 공감적 이해를 하려면 상대방이 사용하는 낱말의 의미, 그 낱말에 담겨 있는 사적 분위기를 잘 파악할 수 있어야 한다. 같은 낱말을 쓰더라도 다른 것을 의미할 수 있기 때문이다. 상대가 사용하는 낱말이나 표현이 잘 이해되지 않는다면 물어볼 수 있어야 한다.

3단계는 '상대방의 논리 이해하기'다. 공감적 이해는 나와 같은 생각을 하도록 상대방을 몰아가지 않고 상대방이 전개하는 논리를 존중하며 따라간다. 내 입장에서 이해되지 않는 논리여도 상대방 입장에서 그 논리에 주의를 기울이며 따라가다 보면 새로운 관점을 경험할 수 있게 된다.

4단계는 '상대방의 욕구 파악하기'다. 상대방이 도대체 저 말을 왜 하는지, 저 말을 통해 무엇을 얻으려고 하는지 알아내는 것이다. 다시 말해 상대방의 마음 깊이 자리하고 있는 근본적인 욕구를 이해하는 과정이다. 필요한 것이 모자라서 생기는 결핍 욕구를 살펴보고 이를 채워 주면 결핍 욕구는 사라진다.

5단계는 '상대방의 성장 욕구 드러내기'다. 결핍 욕구가 모자라서 생기는 것이라면 성장 욕구는 더 나은 상태가 되거나 발전하고 싶어서 생기는 욕구다. 결핍 욕구가 충족되면 성장 욕구가 일어난다. 상대방의 성장 욕구를 발견해서 있는 그대로 드러내면 공감이 발생한다. 이 때문에 성장 욕구를 제대로 발견하는 것이 공감의 필수적 요소다.

6단계는 '공감적으로 표현하기'다. '~하니까(해서) ~구나(군요)'와 같은 형식인데, 뒤의 '~'에는 상대의 느낌, 감정, 동기, 행동을 말하고, 앞의 '~'에는 이유와 근거를 넣어서 말하는 것이다. 예를 들면 "난 친한 친구가 없어. 마음 터놓고 이야기할 만한 애가 없어"라고 말했다면 '마음 터놓고 이야기할 친구가 없어서(이유) 많이 외롭겠다(감정)'라고 표현할 수 있다.

이처럼 단계별로 공감을 위해 실천할 방법을 꾸준히 연습하다 보면 누구나 공감 능력을 갖추게 될 수 있다.

공감으로 듣는 연습

공감하려면 상대방이 자신을 충분히 표현할 수 있도록 시간과 공간을 주어야 한다. 상대방을 안심시키거나 조언하고 싶은 충동을 먼저 내려놓아야 한다. 마음을 비우고 상대방이 하는 말에 관심을 집중하려고 노력해야 한다. 상대가 어떤 말을 하든 이들이 무엇을 관찰하고, 느끼고, 필요로 하고, 부탁하는가에만 귀를 기울여 보는 것이다. 공감을 위해 다음과 같은 몇 가지 방법을 사용하면 도움을 얻을 수 있다.

첫째, 상대를 위로하거나 해결책을 말해 주기 전에 먼저 공감을 위한 질문을 던지는 것이다. 예를 들어 상대가 거울을 보며 "난 돼지처럼 못생겼어."라고 했는데 "넌 연예인처럼 예쁘고 멋져."라고 위로하거나 해결책을 제시한답시고 "그럼 성형 수술해 보면 어때?"라고 말한다면 오히려 상대의 마음이 상할 수 있다. 그보다는 "오늘 네 모습이 마음에 안 들어?"라고 물어보면 어떨까? 또 다른 예로 누군가 우울증 증세를 보이며 "죽고 싶어."라고 했을 때, "괜찮아질 거야.", "약을 먹으면 좋아질 수 있을 거야."라는 말보다는 "그렇게 많이 힘드세요?"라는 질문이 공감으로 전해질 것이다.◆38

둘째, 상대의 느낌과 욕구에 초점을 맞추어 귀를 기울여 보는 것이다. 예를 들어 한 친구가 도둑질하지 않았는데 물건을 훔친 것으로 오해받았고, 주변 사람들이 아무도 자신을 믿어 주지 않은 것이 큰 상처로 남아 나에게 그때의 경험을 털어놓으며 "그 당시 상황을 사람들에게 보여 줄 수 있었으면 좋겠어."라고 말했다고 하자. 이때 친구가 느낀 감정에 공감해 본다면 "그때 정말 억울했겠다."와 같이 표현할 수 있을 것이다. 그렇다면 이 상황에서 친구의 '성장 욕구'는 무엇일까? '나를 나쁘게 생각한 사람들에게 사실을 밝힐 수 있었으면 좋겠다.', '내가 좋은 사람이라는 것을 알아주었으면 좋겠다.', '내 말을 믿어 주면 좋겠다.', '사람들의 신뢰를 회복하고 싶다.' 등일 것이다. 이러한 욕구를 드러내는 과정에서 공감을 경험할 수 있다.◆39

셋째, 상대가 말한 것을 바꾸어 공감적으로 표현해 보는 것이다. 이러한 방법은 상대방의 말을 되풀이해 줌으로써 그들의 느낌이나 생각이 잘 전달되었다는 것을 확인해 준다. 만약 우리가 바꾸어 말해 본 것이 정확하지 않다고 해도, 상대는 우리가 잘못 이해한 부분을 바로잡을 수 있는 기회를 얻게 된다.◆40 "저를 야단치는 건 괜찮지만 부모님 욕은 하지 마세요." → "네 일로 야단맞는데 부모님 이야기를 하면 기분이 나쁘다는 거지?" 또는 "왜 이리 떨리지? 발표 잘해야 하는데 이러다간 망칠 것 같아."→ "발표를 잘해야겠단 생각 때문에 몸이 떨리는구나!"로 바꾸어 표현해 볼 수 있다.◆41

공감을 표현하는 과정에서 우리가 상대의 마음을 모두 알고, 이해하는 것처럼 단정 지어 말하면 오히려 부정적으로 받아들일 수 있다. 오히려 우리가 올바르게 이해하고 있는지 물어보는 것이 좋다.

같이 읽어 보면 좋은 개념 **갈등** 023 | **대화** 051

ㄷ

대화

대화의 의미와 장애 요소

비폭력 대화의 중요성

비폭력 대화의 방법

나 자신과의 비폭력 대화

분노를 표현하는 비폭력 대화

대화 대답할 대 對, 말할 화 話

대화의 의미와 장애 요소

대화의 사전적 의미는 '마주 대하여 이야기를 주고받음. 또는 그 이야기'를 말한다. 대화란 두 사람 이상이 서로 생각과 느낌을 표현하고 이해하는 상호적 언어 활동이다. 언어의 기능 가운데 의사소통과 관련된 기능이 이루어지는 주된 통로가 대화이며, 정보 전달이나 감정 표현, 사회적 접촉 기능이 모두 대화로 이루어진다.◆42

대화는 화자와 청자가 상호 작용하며 이끌어 가는 협동의 원리를 기본으로 하고 있기에, 대화 참여자 사이의 협동을 막는 것은 모두 대화의 장애 요소가 된다. 이 장애 요소는 '대화의 표현 자체',

'대화의 내용', '대화자들끼리의 관계'와 관련된 것으로 나누어 볼 수 있다.◆43

표현 자체와 관련된 것은 발음이 부정확하거나 발음에 오류가 있어 언어 내용 전달이 제대로 되지 않는 경우, 특정 어휘들을 섞어 쓰는 것이 이해를 어렵게 만들거나 상대에게 저항감을 주는 경우이다. 어휘 사용 오류는 은어, 비어, 속어 등을 사용하여 상대에게 거부감과 모욕감을 주는 것, 비표준어를 사용하여 의미 전달을 방해하는 것, 불필요하게 외국어를 섞어서 사용하는 것, 부정적인 어감을 가지고 있는 어휘들을 여과 없이 사용하는 것을 예로 들 수 있다.◆44

대화의 내용과 관련된 것은 상대방이 한 말에 적절한 반응을 보이지 못해 순환이 안 되는 경우, 화제를 잘못 선택해서 대화를 지속하기 힘든 경우이다. 대화를 잘하기 위해서는 상대방의 말을 최선을 다해 받을 뿐만 아니라 상대방에게 적절한 말로 되돌려 주어야 한다. 만약 상대방의 말을 받기만 하고 돌려주지 않으면 대화는 순환되지 않아 지속할 수 없다. 또한, 대화의 화제는 말하는 상황에 알맞아야 한다. 대화의 상황을 고려하지 않거나 대화 참여자들

이 잘 모르는 분야, 또는 상대방이 관심 없는 분야로 화제를 지속하면 대화가 이어지기 어렵다.◆45

대화자들끼리의 관계와 관련된 것은 대화자 사이의 예절을 지키지 않아 인간관계에 걸림돌이 되는 경우, 대화에 협동의 원리보다 승부의 원리를 적용하여 승자가 되려는 욕구로 대화하는 경우이다. 대화의 걸림돌로 작용하는 것은 명령이나 강요, 경고 또는 위협, 훈계나 설교, 충고 또는 해결 방법 제시, 논리적 설득이나 논쟁 등으로 상대에게 방어적인 자세와 반론을 유발하거나 오히려 관계를 멀어지게 할 수 있다. 또한, 처음에는 그럴 의도가 없었더라도 대화가 언쟁으로 바뀌어 자신이 꼭 이겨야 한다는 생각으로 대화를 이끌어 가다 보면 대화의 장애 요소가 된다. 특히 승자가 되려는 욕구는 가치 갈등이 있을 때 나타나는 경우가 많은데, 이것은 대화 참여자들 사이에 가치관이나 정치적 신조, 인생의 목표, 개인적 습관 등의 차이가 있을 때 나타나 대부분 자신의 관점이 옳은 것임을 주장하려고 한다. 그렇게 되면 상대방의 체면을 손상하게 되어 대화의 장애 요소가 된다. 따라서 힘이나 권위를 이용하거나 누구의 체면도 상하지 않도록 서로의 욕구를 만족시켜 줄 수 있는 무패의 방법으로 해결책을 찾아가는 대화 방법을 사용하는 것이 좋다. 무엇보다 원만한 대화를 위해서는 협동의 원리를 준수하면서 대화의 장애 요소를 극복하기 위한 노력과 훈련이 필요하다.◆46

비폭력 대화의 중요성

마하트마 간디Mahatma Gandhi는 비폭력적인 삶을 실천하고 가르침을 준 인물로 유명하다. 그는 "우리가 모두 폭력적으로 행동하고 있다는 것을 인정하고, 마음가짐에 질적인 변화를 일으켜야 할 필요가 있음을 인식하는 것"에 대해 강조했다. 우리는 대개 자신의 폭력성을 인정하지 않고 폭력 자체에 대해 무지한데, 폭력이라고 하면 싸우거나 때리고 전쟁하는 물리적 폭력을 떠올리기 때문이다. 하지만 마하트마 간디는 정신적인 폭력이 피해자들의 내면에 분노를 일으켜 결국은 개인적·집단적 폭력으로 대응하도록 만들기 때문에 정신적인 폭력이 물질적 폭력에 불을 지피는 연료라고 보았다. 이 때문에 간디는 우리가 비폭력적인 삶을 위해 자신을 바꾸기 위해 노력해야 하며, 그것은 우리가 매일 쓰는 일상의 언어와 대화 방식을 비폭력적으로 바꾸는 데서 시작된다고 보았다. 여기서 비폭력이란 우리 생각을 지배하고 있는 이기심, 미움, 공격성, 편견, 의심, 탐욕과 같은 부정적인 면 대신에 다른 사람에 대한 이해, 배려, 존중, 연민, 감사 등의 긍정적인 면이 우리 마음을 채우도록 하는 것이다.◆47

이와 연장선상에서 비폭력대화센터CNVC를 설립한 마셜 로젠버그Marshall B. Rosenburg는 '비폭력 대화Nonviolent Communication, NVC' 방법을 고안하고 훈련하도록 하였다. '비폭력 대화'는 '연민의 대화'라고도 하는데, 우리 마음 안에서 폭력이 가라앉고 연민으로 돌아간 상태에서 상대를 판단하거나 비난하지 않고 자신의 마음을 솔직하게 표현하는 방법이다.◆48 또한, 상대방이 어떤 식으로 자신을 표현하든지 그 말 이면에 있는 느낌과 그 사람이 진정 원하는 것을 들을 수 있도록 해 주는 대화 방법이다. 비폭력 대화는 마음과 마음으로 연결하여 서로 공감하면서 견디기 힘든 상황에서도 인간성을 유지할 수 있는 능력을 키워 준다. 특정한 결과를 얻는 데 관심을 두기보다, 각자의 욕구를 서로 이해하고 존중하면서 모두의 욕구를 충족하는 방법을 찾는 데 초점을 맞춘다.

우리는 다른 사람의 비판이나 평가를 들으면 습관적으로 변명하며 물러가거나 반격하는 행동 양식을 보인다. 그러나 비폭력 대화를 훈련하면 상대방뿐만 아니라 자기 내면의 소리에도 귀 기울임으로써 배려와 존중, 공감하는 마음을 기르게 되어 방어와 저항, 폭력적으로 반응하는 일이 많이 줄어들 수 있다. 분석이나 비판보다 우리가 관찰한 것과, 그에 대한 우리의 느낌, 우리가 원하는 것에 초점을 두어 자존감을 떨어뜨리거나 분노를 자아내는 말 대신, 공감과 연결을 가져오는 말을 쓰게 된다. 이를 통해 보다 솔직하고 명확하게 자신을 표현하고 구체적인 부탁을 할 수 있게 되어 모두가 원하는 것을 얻을 가능성이 커진다. 이와 같은 대화가 가능해지면 개인이 일상에서 생각하고 말하고 듣고 행동하는 방식을 비폭력적으로 선택하며 살게 되어 스트레스가 줄어들고, 사회의 다양한 영역에서도 치유와 화해의 길을 열어 주는 역할을 하게 될 것이다.

비폭력 대화의 방법 •49

우리는 스스로 폭력적이지 않다고 생각하면서 종종 자기 자신뿐만 아니라 타인에게 상처를 주고 마음을 아프게 한다. 마셜 B. 로젠버그는 우리가 분노가 아닌 연민에 머물러 사람들과 마음으로 주고받는 관계를 맺기 위해서는 다음 네 가지에 의식의 초점을 두고 대화해야 한다고 하였다.

첫째, 어떤 상황에서 실제로 일어나는 것을 있는 그대로 '관찰'한다. 이 방법은 상대의 행동을 내가 좋아하느냐 싫어하느냐를 떠나 평가나 판단을 내리지 않으면서 상대방의 말과 행동을 있는 그대로 관찰하고, 관찰한 바를 구체적이고 명확하게 말하는 것이다.

둘째, 그 행동을 보았을 때 어떤 마음이 드는지 '느낌'을 말하는 것이다. 화가 난다거나 두렵다거나 불안하다거나 가슴이 아프다거나 기쁘다거나 즐겁다거나 등의 느낌을 솔직히 표현하는 것이다.

셋째, 자신 안에서 그러한 느낌을 일으키게 한 '욕구', 즉 원하는 것을 찾아내 표현한다. 이를 위해서는 우리 자기 내면의 소리에 귀 기울이고 스스로가 무엇을 원하는지 알아차릴 수 있어야 한다.

넷째, 우리 삶을 보다 풍요롭고 평화롭게 하기 위해서 상대방이 해 주기 바라는 것을 구체적으로 '부탁'하는 것이다.

아래는 한 어머니가 10대 아들에게 관찰, 느낌, 욕구, 부탁을 넣어 자신을 표현한 대화의 예시이다.

관찰	신었던 양말 두 켤레가 탁자 밑에 있고, 또 TV 옆에도 있는 걸 보면
느낌	엄마는 불편하고 거슬려.
욕구	여럿이 함께 있는 공간은 좀 정돈되어 있고 깨끗했으면 좋겠거든.
부탁	그러니까 그 양말들은 세탁 바구니에 넣거나 세탁기에 넣어 줄래?

(**출처** 마셜 B. 로젠버그, 『비폭력대화』, (한국NVC센터, 2017), p.30 참고하여 재정리)

이처럼 비폭력 대화의 한 측면은 이 네 가지 요소를 이용해 자신을 솔직하고 명확하게 표현하는 것이다. 다른 한 측면은 상대방으로부터 이 네 가지 정보를 찾아내기 위해 공감으로 듣는 것이다. 상대방이 무엇을 관찰하고, 느끼고, 원하는지 이해함으로써 마음을 연결한 다음, 마지막으로 '부탁'을 통해 무엇이 그의 삶을 더 풍요롭고 평화롭게 할 수 있는지 알아내는 것이다. 즉 나는 무엇을 관찰하고 느끼고 원하며 부탁하는가? 상대방은 무엇을 관찰하고 느끼고 원하며 부탁하고 있는가? 이와 같은 방식으로 자신을 표현하고 다른 사람들도 그럴 수 있도록 도우면서 대화를 이어 갈 때, 우리는 연민이 우러나는 방식으로 사람들과 관계를 맺고 나 자신을 더 깊이 이해할 수 있게 된다. 이 네 가지 방식은 고정된 공식처럼 적용하기보다는 상황에 맞게 유연하게 적용할 수 있다.

나 자신과의 비폭력 대화

우리는 대개 다른 사람이 먼저 변하기를 기다린다. 하지만 마하트마 간디는 이렇게 말했다. "우리 스스로 우리가 이 세상에서 원하는 변화가 되지 않는 한 진정한 변화는 절대 일어나지 않는다." 이 세상은 우리의 무자비한 태도와 행동이 만들어 놓은 것이므로, 우리 자신이 변해야 이 세상을 바꿀 수 있다는 것이다. 우리 자신을 바꾸는 것은 내면의 부정적인 사고방식과 마음을 긍정적으로 바꾸고, 일상의 언어와 대화 방식을 바꾸는 데서 시작한다.◆50 무엇보다 우리가 스스로 폭력적인 말을 하면서 다른 사람과 비폭력 대화를 하기란 어려울 것이다.

우리 한 사람 한 사람은 유일무이한 특별하고 소중한 존재다. 그러나 불행하게도 많은 사람이 자기혐오를 하는 쪽으로 자신을 평가하며 폭력적으로 대한다. 보통 '잘못'이나 '실수'를 했을 때 자기 자신에게 어떤 말을 하는가? "이 바보야!", "왜 이렇게 어리석은 일을 또 저질렀니?", "정말 한심하다!", "너 어떻게 된 거 아니야?", "네가 그렇지 뭐.", "넌 너무 이기적이야." 만약 이렇게 말하는 사람이라면 자기 행동이 나쁘다거나 잘못되었다는 식으로 판단하도록 교육받았을 가능성이 크다. 스스로 이렇게 자책하는 말을 계속하면 실수나 잘못을 통해 자신의 한계를 알고 발전하기보다 자기 비하에 빠지기 쉽다. 만약 자신에 대한 비판으로 수치심이나 죄책감이 생겨 그 결과로 행동을 바꾸게 된다면 자기혐오를 배우며 자라게 되고, 그것에서 나온 행동은 즐겁거나 자유롭지 않다.◆51

우리가 자신에게 쓰는 말 중에 수치심이나 죄책감을 일으키는 대표적인 말은 '~해야만 한다' 또는 '~하지 말아야 한다'라는 말이다. 그것이 내면의 소리라 할지라도 '~해야만 한다'라는 말은 선택의 여지가 없다는 의미를 포함하기 때문에 자율성, 곧 선택의 자유라는 강한 욕구가 위협받게 된다. 이와 같은 내면의 강요는 자기를 평가하는 말들로 나타나서 "나는 정말 한심해. ~해야만 해."라고 말하면서도 실제 행동으로 옮기는 것에 대해서는 저항하게 만든다. 안에서 하는 말이든 밖에서 하는 말이든 우리는 '~해야만 한다'라거나 '~하지 않으면 안 된다'라는 강요에 굴복하기보다는 저항하려 하기 때문이다. 따라서 내면에서 자신을 비난하고 판단하는 말을 할 때마다 곧바로 그 말들 이면에 있는 욕구와 연결하도록 훈련할 필요가 있다. 예를 들어 "내가 지금 후회하는 행동으로 그 순간에 충족하려고 했던 욕구는 무엇이었나?"라고 물어보는 것이다. 이런 질문으로 내면의 소리에 귀 기울이면 자기 마음 깊은 곳의 욕구를 들을 수 있고, 그 또한 나름대로 삶을 위한 것이었음을 이해하며 연민의 마음으로 자신을 수용하고 자기 용서를 할 수 있다.◆52

따라서 자신과의 비폭력 대화를 하려면 '~해야만 한다'를 '~을 선택한다'로 바꿀 필요가 있다. 그리고 내가 선택한 모든 것에 대해서 그 선택으로 충족하고자 하는 욕구가 무엇인지 인식하는 것이 중요하다. '나는 ~을 원하기 때문에 ~을 하기로 선택한다'는 말을 통해 내가 중요하게 생각하는 가치를 발견할 수 있다. 이 과정에서 우리의 행동으로 충족되는 욕구를 명확하게 이해하게 되면, 내가 하지 말아야 할 일은 멈추고 해내고 싶은 일은 어렵고 힘들어도 더 즐겁게 해낼 수 있게 된다.◆53

분노를 표현하는 비폭력 대화

우리 안에 분노가 생겼을 때, 그것을 바람직하지 않은 것으로 여겨 애써 억눌러 참거나 없애려고 하는 것은 오히려 상처와 분노를 키울 수 있다. 오히려 내면에서 일어나는 분노의 핵심을 잘 파악하고 더 충분히 비폭력적으로 표현하는 것이 좋다.

화가 날 때 우리는 대개 분노의 원인이 상대에게 있다고 여기기 때문에 다른 사람에게서 잘못을 찾는 경향이 있다. 스스로 심판자의 자리에 앉아서 상대방이 무슨 잘못을 했고 어떤 벌을 받아야 마땅하다고 판단하거나 비난하는 것이다. 분노는 이 같은 우리의 생각에서 비롯될 때가 많다.◆54 물론 다른 사람들의 말과 행동은 우리의 느낌을 불러일으키는 자극이 될 수 있다. 그렇지만 우리 느낌의 원인은 다른 사람의 말과 행동을 어떻게 받아들이기로 선택했는가에 달려 있다는 것을 기억할 필요가 있다.

듣기 힘든 말을 들었을 때 우리는 네 가지로 선택할 수 있다. 첫 번째는 '자신을 탓하는 것'이다. 다른 사람의 비난과 판단을 그대로 받아들이면서 자신을 비난하는 것이다. 이런 선택은 우리 마음에 죄책감과 우울감, 수치심을 줄 수 있어서 자존감에 손상을 입힐 수 있다. 두 번째는 '상대방을 탓하는 것'이다. 상대의 말을 부정하고 상대의 잘못을 찾아 비난하면서 '당신이(네가) ~했기 때문에 화가 난다.'라고 말하는 것이다. 이런 선택은 자신의 욕구를 충족시키기보다는 다른 사람들을 처벌하는 데 에너지를 소모한다. 세 번째 듣기 힘든 말을 들었을 때 우리가 할 수 있는 선택은 '자신의 느낌과 욕구를 인식하는 것'이다. '당신이(그 사람들이) ~했기 때문에 화가 난다.'라고 말하거나 생각하는 대신 '나는 ~이 중요(필요)하기 때문에 화가 난다.'라고 의식적으로 생각하고 표현하는 것이다. 예를 들면 '당신이 나를 차별 대우해서 화가 난다.'라고 하지 않고, '나는 평등하게 대우받고 존중받고 싶다. 하지만 그렇지 못하다고 느껴서 속상하고 화가 났다.'라는 식으로 표현할 수 있을 것이다. 네 번째 선택은 '상대방의 느낌과 욕구를 인식하는 것'이다. 상대가 나에게 부정적인 메시지를 주었을지라도 그렇게 말하는 느낌과 욕구가 무엇일지(저렇게 말하는 이유가 뭘까?) 헤아려 봄으로써 상대방에게 먼저 공감해 주는 것이다.◆55 예를 들면 아이스크림 가게에 손님들이 가득한데 고등학생으로 보이는 소녀 아르바이트생 한 명뿐인 상황에서 내 차례에 그 아르바이트생이 퉁명스럽게 말했을 때, '당신이 불친절하니까 내가 화내는 거잖아요!' 말하는 대신 '손님이 너무 많은데 혼자라 많이 힘들지요?'라고 표현할 수 있다.◆56 이렇게 상대에게 먼저 공감해 주면 그들이 우리 말을 들어줄 가능성도 커진다.

대개 폭력은 자신의 고통이 다른 사람 때문이라고 여기며 상대가 당연히 벌 받아야 한다고 믿을 때 일어난다. 그러므로 화가 날 수 있는 상황에서도 우리는 위의 세 번째 선택을 통해 우리 자신의 느낌과 욕구를 돌아보며 비폭력적으로 분노를 표현할 수 있다. 또한, 상대방이 화가 난 상태에서는 우리 말을 듣기가 어려우므로 위의 네 번째 방법으로 상대에게 먼저 공감하며 들어 준 후 내가 원하는 바를 말하는 것이 효과적이다.

같이 읽어 보면 좋은 개념 **갈등** 023 | **공감** 035 | **화해** 297

ㅁ

민주주의

민주주의의 의미

민주주의와 평화

자본주의, 사회주의, 민주주의

민주주의의 조건

민주주의를 위한 실천

민주주의

백성 민民, 주인 주主, 주인 주主,
옳을/순응할/뜻/착할/공정할 의義

민주주의의 의미

민주주의民主主義는 인권, 자유권, 평등권, 다수결의 원리, 법치주의와 같은 것을 그 기본 원리로 하는 정치 체제의 한 유형이다. 사전적 의미는 '국민이 권력을 가지고 그 권력을 스스로 행사하는 제도. 또는 그런 정치를 지향하는 사상'을 말한다. 영어로 민주주의를 뜻하는 democracy는 그리스어로 demos(일반 시민)와 kratos(통치, 권력)의 합성어에서 유래했는데 정부 형태를 가리키는 용어로 출발했다. 즉 이념을 가리키는 말이 아니었기 때문에 자유주의liberalism나 사회주의socialism처럼 'ism'을 붙여 쓰지 않는다. 따라서 귀족정, 군주정, 공화정이라고 하듯이 민주정이라고 표현하기도 한다. 17세기 중반 사람들은 민주주의에 대한 열망을 '민중 정부popular government'라는 용어에 담아 표현했다. 1863년 에이브러햄 링컨Abraham Lincoln의 연설로 유명해진 "민중의, 민중에 의한, 민중을 위한"이라는 표현 역시 government(정부, 통치)를 규정하는 말로, 좋은 정부를 통해 사회를 더 평화롭고 자유로우며 공정하게 만들자는 의미였다.◆57 현대 민주주의는 평등한 시민과 정치가가 함께 가꿔 가는 공동체적 지향을 실현하는 하나의 도구로 여겨지고 있지만, 처음부터 그랬던 것은 아니다.

기원전 6세기경, 민주주의가 고대 그리스의 도시 국가들에서 등장했을 때까지만 해도 민주주의에 반대했던 사람들은 이렇게 생각했다. '일반 시민demos이 통치kratos를? 어떻게? 공적 사안에 대해 판단할 능력도 없는 일반 시민이 정치 체제를 운영할 수 있다고? 말도 안 되지.' 그래서 민주주의를 조롱하며 '어리석은 대중이 통치하는 불합리한 체제'를 뜻하는 '데모크라티아demokratia'라고 불렀다. 당시 민주주의 체제를 실시했던 대표적인 곳은 아테네였고, 민주주의 시대의 아테네는 수많은 분야에서 엄청난 성취를 이루었다. 그러나 아테네 민주주의는 2백 년 정도 지속한 뒤 몰락하여 민주주의라는 정치 체제는 인간의 역사에서 오랫동안 잊혔다. 13세기에 이르러 민주주의라는 표현이 라틴어와 프랑스어로 다시 주목받고, 16세기에 영어 democracy로 번역되어 소개된 후에도 민주주의는 부정적인 의미로 사용되곤 했다. 그러다가 18세기 말 프랑스 혁명이 일어나고 유럽 여러 나라에서 시민들의 참정권 요구가 커지면서 공화국과 민주주의라는 말이 함께 사용되기 시작했다. 공화정은 '교양과 재산을 가진 시민의 대표가 통치하는 체제' 혹은 '왕정이 아닌 체제'를 뜻하는 용어인 반면, 민주정(민주주의)은 재산이 없는 노동자들과 보통 사람들의 권리를 강조한다는 점에서 차이가 있었다. 투표할 권리가 없었던 노동자와 여성이 보통 선거권을 획득하고, 이후 진보 세력들이 대중 정당이라는 조직 형태를 발명해 기존 체제에 도전하면서 민주주의라는 용어는 거부할 수 없는 정치 규범으로 자리 잡게 되었다.◆58

민주주의는 평화를 이루는 요소와 조건의 하나로 여겨지며, 한때 인류가 추구해 온 최고의 정치 체제로 받아들여지기도 했다. 그러나 오늘날 민주주의가 평화를 담보하는 정치 체제인가에 대해서는 의문이 제기되고 있다.◆59

민주주의와 평화

갈퉁Johan Galtung과 젱하스Dieter Senghaas 같은 학자들은 고전적 평화학에서 민주주의 체제는 평화를 이루기 위한 제도로 보며 민주주의와 평화 간의 연관성을 강조했다. 갈퉁은 '적극적 평화'의 하나인 '문화적 평화'를 이루기 위한 제도로 민주주의를 내세웠고, 젱하스는 평화를 이루기 위한 요소 중 하나로 민주주의 제도와 가치를 확립하는 것이 필요하다고 하였다. 특히 20세기 후반, 베를린 장벽 붕괴와 소련의 해체, 공산주의의 몰락은 서구식의 민주주의를 최고의 정치 체제로 받아들이게 했다. 하지만 오늘날 새로 민주주의가 들어선 국가뿐 아니라 민주주의를 오래 유지해 온 나라들에서도 극단주의 극우 정당이 등장하면서 민주주의가 곧 평화를 낳는다는 공식은 더 이상 자동으로 성립되기 어려워졌다.◆60

민주 평화론Democratic peace theory은 국제 관계 이론 중 하나로 18세기 임마누엘 칸트가 제시한 '영구 평화론perpetual peace'에 기원을 두고 있다. 민주주의 국가와 비민주주의 국가 사이의 전쟁은 일어날 수 있으나, 민주주의 국가들 사이에서 전쟁은 일어나지 않거나 전쟁 가능성이 작다는 가설을 바탕으로 세계 평화 정착을 모색한 이론이다.◆61 즉 민주 평화론에 의하면 민주주의 체제의 확산이 전쟁을 예방하고, 더 나아가 세계의 평화에 기여한다는 것이다. 그러나 이 이론을 해석하는 데는 관점의 차이가 존재한다. 미국이 패권을 강화하고 독재 국가들을 상대로 무력을 사용하면서까지 민주화를 시도하려는 것도 민주주의 국가의 수가 늘어나면 세계 평화가 정착될 것이라는 주장에 근거한다.◆62 그렇다면 민주 평화론에 근거해 수단과 방법이 어떠하든 독재 국가들을 상대로 민주화를 시도하는 것이 옳은가에 대한 문제가 제기된다. 미국, 영국, 프랑스, 이스라엘 등 민주주의 국가들이 여러 전쟁에서 독재 국가 못지않게 폭력적이었다는 점도 간과할 수 없는 부분이다.

이라크의 경우, 사담 후세인이 잔인한 독재자임은 틀림없지만, 미국이 전쟁으로 민주주의를 강요하려 했던 전략은 결코 평화적이었다고 할 수 없다. 폭력의 악순환으로 전쟁은 길어졌고 총선을 치른 이후에도 이라크의 평화는 여전히 요원한 상태다. 팔레스타인은 선거를 통해 일당 독재 체제가 무너졌지만, 선거라는 민주주의 제도를 통해 테러를 정당화하는 하마스가 권력을 얻었고,◆63 이스라엘도 역대 가장 극우적이라는 평가를 받은 네타냐후 내각이 집권해 2023년 이스라엘-하마스 전쟁이 발생했다. 헝가리에서는 반난민, 반EU, 민족주의를 내세우는 극우 정당 출신 빅토르 오르반 총리가 언론과 사법부를 통제하고 선거 제도를 바꿔 2022년 4연임에 성공했다.

민주주의는 평화를 위해 필요한 요소이지만, 오늘날 여러 사례에서 보듯이 민주주의가 평화를 보장하는 것은 아니다. 정치, 경제, 사법, 언론 등의 영역에서 민주주의를 더 잘할 수 있는 합리적인 체계를 갖춰 나가고, 각 나라의 특수성에 맞도록 민주주의 제도를 잘 운용할 때 민주주의가 평화로 이어질 수 있다.

자본주의, 사회주의, 민주주의

'민주주의'는 독재 체제나 왕이 다스리는 군주제와 달리 국가의 의사 결정권인 주권이 국민에게 있는 정치 형태를 말한다. 민주주의와 대립하는 정치 제도에는 형식적으로 민주주의적인 의회제를 취하면서 일부의 집단이 독재적 지배권을 행사하는 '권위주의'와 강력한 국가 권력이 국민을 억압·통제하는 '전체주의'가 있다. 흔히 공산주의를 민주주의의 반대 개념으로 오해하곤 하는데, 사회주의나 공산주의는 시민혁명 이후 등장한 자유주의와 자본주의의 문제점을 비판하며 등장한 사상이기 때문에 구분해서 이해할 필요가 있다.◆64

케인스와 함께 20세기를 대표하는 경제학자 슘페터Joseph Alois Schumpeter는 『자본주의, 사회주의, 민주주의』라는 책에서 '자본주의와 사회주의의 미래는 어떻게 될 것인가?'라는 질문과 함께 민주주의와 자본주의의 관계, 민주주의와 사회주의 관계에 관해 서술했다. 역사적으로 현대 민주주의는 자본주의와 더불어 출현했고, 자본주의 과정의 산물이라고 볼 수 있다. 그러나 슘페터는 자본주의의 한계인 빈부 격차, 노사 갈등, 실업 등의 여러 가지 문제와 한계 때문에 자본주의가 붕괴하고 사회주의가 등장할 것이라고 예견했다. 자본주의가 사라지고 사회주의로 갈 것이라는 슘페터의 예상은 빗나갔지만, 슘페터가 죽은 후 많은 민주주의 국가에서 사회주의 정당이 생겼고, 그들은 주요 사업을 국유화하며 사회 복지를 강조하는 정책을 펼쳤다.

'자본주의'는 자본이 가장 중요한 요소로 작용하는 경제 체제로,

16세기 무렵 유럽의 봉건 제도 붕괴 이후 전 세계로 확대되었다. 자본주의 사회에서는 경쟁을 통해 이익을 얻으며 사적 재산을 소유하는 것이 인정되고, 이 모든 것은 시장에 의한 생산과 분배를 통해 이루어진다. 자본주의 이전에는 자본가들이 사회의 지배 계급이 될 수 없었지만, 봉건 질서를 무너뜨리고 새로운 사회의 지배 계급으로 등장한 자본가들은 지도력을 장악하기 위한 경쟁적인 민주주의를 통해 사회적·정치적 제도를 변화시켰다. 또한, 평화적 민주주의를 이끌며 정치에도 영향력을 끼치기 시작했다.◆65 그러나 19세기 들어 부의 불평등으로 주기적인 공황이 오면서 소수의 부자는 더 부자가 되고 가난한 이들은 계속 가난해지는 모순이 계속되자 자본주의의 단점을 비판하며 사회주의가 등장했다. '사회주의'는 개인의 자유를 제한하고 국가의 역할을 키워야 한다고 주장하며 모든 사람이 정당하고 평등하게 노동의 대가를 나누려는 사상을 아우르는 말이다. 사회주의에서는 개인이 아닌 국가가 생산과 분배에 관여한다. 또한, 국가가 정치적 영역뿐만 아니라 경제적 영역까지 관리하게 된다.

그렇다면 사회주의와 민주주의는 어떻게 연결될 수 있을까? 슘페터는 사회주의와 민주주의의 양립이 가능한 경우는 오직 한 가지, 정부·관료·국민이 높은 지적 수준을 갖고 도덕성과 준법정신이 자리 잡은 성숙한 자본주의 사회에서만 가능하다고 보았다. 미성숙한 상태에서 사회주의가 들어서면 폭동이 일어나기 쉽고, 자본주의가 자리 잡지 못한 사회에서 일어난 혁명은 러시아의 볼셰비키 혁명처럼 공산 독재 체제를 불러오기 때문이다. '공산주의'는 자본가에 대항하고 투쟁하는 혁명을 통해 평등 사회를 만들고, 재산을 공동 소유하여 빈부 격차를 없애려는 사상이다. 공산주의는 사회주의로부터 나왔지만, 동기 부여 없이는 최선을 다하지 않는 인간 본성을 이해하지 못해 사실상 실패한 것으로 평가된다.◆66 사회주의자들 중에는 사회주의를 실현하기 위해 혁명, 독재 등의 방식을 사용하거나, 테러, 폭력 등을 용인하기도 했다. 또한 민주주의가 자신들의 이익과 목적 달성에 도움이 되는 경우에만 민주주의와 손잡고, 그렇지 않을 때는 민주주의를 외면하는 경우도 비일비재했다.

이와 달리 사회주의 이상을 민주적 방법으로 실현하려 했던 사회주의자들도 있다. 이들은 비민주적이거나 폭력적인 사회주의

운동을 거부하고 지속적으로 민주적 방식을 추진해 만족할 만한 정치적 결과를 이뤄 내기도 했다. 유럽에서 시작된 '사회민주주의'는 정치적 평등에 이어 경제적 평등을 지향하는 것으로, 폭력이나 혁명이 아닌 민주적인 방법을 통해 자본주의에서 사회주의로 천천히 변화하려는 사상이다. 국가사회주의가 자유시장 체제를 부정하며 전체주의적 정치체제로 기울어진 반면, 사회민주주의는 자유시장 체제에 대한 전면적인 부정이 아니라 그 불완전함을 인식하고 해결하면서 민주주의를 더욱 발전시키고자 했다.◆67 생산 수단의 사유화에 바탕을 둔 것이 자본주의이고, 생산 수단을 국유로 하자는 것이 공산주의라면, 사회민주주의는 중요한 사회적 생산 수단에 한정하여 국유화하되 일상적인 생활에서는 사유화를 기본적으로 인정하는 것이다.◆68 사회민주주의는 자유민주주의와 자유시장 체제하에서 국가의 개입을 늘림으로써 의회를 통한 소득 재분배와 복지 정책 등을 통해 평등과 공정을 실현하려는 이념으로, 줄여서 '사민주의'라고도 부른다.◆69 독일과 핀란드, 노르웨이, 스웨덴 등 북유럽 국가들이 대표적인 사회민주주의 국가이다.

슘페터가 책을 쓸 당시만 해도 경쟁을 추구하는 자본주의와 평등을 추구하는 사회주의는 물과 기름처럼 도저히 섞일 수 없었다. 그러나 이제는 자본주의, 사회주의, 민주주의의 장점을 결합한 형태의 복지 국가들이 선진국이 되기도 하고, 자본주의가 발달한 나라에서 복지 정책 강화와 국유화 등 사회주의적 제도를 채택하기도 한다. 한편 과도한 국유화와 복지는 국가의 재정 악화와 생산성 저하 문제를 일으킬 수도 있다. 따라서 여러 제도의 장단점을 파악해 자기 나라의 상황에 가장 적합하고 효과적인 해결 방안을 찾아가는 것이 중요하다.

민주주의의 조건

현실에서 거짓된 민주주의와 진정한 민주주의를 분별하려면 다음과 같은 조건을 충족하는지 살펴보면 된다. 첫째, 국민은 1인 1표의 보통 선거권을 통해 권한을 행사할 수 있어야 한다. 둘째, 적어도 두 개 이상의 정당들이 선거에서 후보들을 내세울 수 있어야 한다. 셋째, 국가는 모든 구성원의 언론·출판·집회·결사의 자유를 보장해야 하고, 법규에 맞는 절차 없이 국민을 체포하거나 가둘 수 없다. 넷째, 정부의 정책은 국민의 행복과 이익을 위한 것이어야 한다. 다섯째, 국가는 책임 있는 비판과 효율적인 지도력을 보장해야 한다. 정부의 관리들은 의회와 언론에서 계속해서 반대 의견을 들을 수 있어야 하고, 모든 시민은 독립된 사법 제도의 보호를 받을 수 있어야 한다. 여섯째, 정권 교체는 평화적인 방법을 통해 이루어져야 한다. 이 여섯 가지 민주주의의 필수 요건 외에도 '저항권'이 필요하다는 주장이 제기된다. 저항권은 '혁명권'으로도 불리는데, 국가 권력에 의해 헌법의 기본 원리에 대한 중대한 침해가 행해지고 그 침해가 헌법을 부인하는 것으로 다른 합법적 수단으로 목적을 달성할 수 없을 때 국민이 실력으로 저항하는 권리를 말한다.◆70

슘페터는 민주주의가 현실에서 성공하려면 몇 가지 조건이 필요하다고 하였다. 첫 번째, 국민의 주권을 대신 실행하는 정치인들이 매우 높은 자질을 갖추어야 한다. 훌륭한 자질을 지닌 정치인들을 여러 가지 방법으로 확보하여 그들이 민주적 정부를 이끌도록 할 때 민주주의 성공 확률이 높아진다.◆71 두 번째, 정치인들이 결정하는 것의 범위가 지나치게 커지면 안 된다. 그렇지 않으면 독단적인 법 집행으로 인권이 침해될 수 있고 마음대로 법을 만드는 놀음이나 독재로 이어질 수 있다.◆72 세 번째, 공적 활동의 영역에서 강력한 의무감과 단결심을 갖춘 잘 훈련되고 명망 있는 관료 서비스를 확보할 수 있어야 한다. 네 번째, 선거인과 의원들이 사기꾼이나 괴짜의 말에 넘어가지 않도록 지적이나 도덕적으로 높은 수준에 있어야 한다. 마지막으로 의견의 차이가 있을지라도 너그럽게 받아들이는 관용이 필요하다. 리더는 인내심을 가지고 시간이 걸리더라도 합의점을 찾아야 한다.◆73

민주주의의 성공에는 시간이 필요하다. 민주주의라는 정치 체제가 어떻게 운영되고 작동하는지 이해하고 적응할 수 있는 정치 학습의 시간도 필요하고, 생각이 다른 사람과 평화적으로 논쟁할 수 있을 만큼 정치 문화를 성숙시킬 시간도 필요하다. 정치인뿐만 아니라 일반 시민도 민주주의를 잘 배워야 한다. 구체제의 극복과 붕괴, 대체와 교체를 주장하는 것만으로는 진정한 변화가 이루어지지 않는다. 변화에 필요한 조건을 준비하고 이를 위해 소요되는 시간을 받아들여야 한다. 결정을 빨리했다고 변화가 보장되는 것은 아니다. 오히려 성급한 결정 때문에 실제 집행 단계에서 해결할 수 없는 갈등이나 감당할 수 없는 비용을 치르게 될 수도 있다. 따라서 민주주의는 이해 당사자들의 참여와 충분한 논의를 거쳐 이루어지는 '숙고한 결정'과, 이로 인해 오래 지속되는 '합의된 변화'를 필요로 한다.◆74

민주주의를 위한 실천

『살아있는 민주주의』의 저자 프란시스 무어 라페Frances Moore Lappe는 '민주주의'를 고정된 관념이 아니라 학습된 기술로 이해한다. 민주주의 기술은 가르칠 수 있고, 배울 수도 있는 것이라는 뜻이다. 정치란 특정 권한을 위임받는 사람만 할 수 있는 것이 아니라, 공동체의 일원으로서 나아갈 방향과 결정 사안에 관해 자기 의견을 말하고 결정 과정에 참여하는 것을 뜻하기 때문이다. 그렇다면 민주주의를 우리 일상에서 실천할 수 있는 구체적인 방법에는 어떤 것이 있을까?

먼저 살아 있는 민주주의를 실천하기 위한 시작은 스스로가 깨어 있는 시민의 삶을 살고자 선택하는 것이다. 만약 시민으로서 내가 속한 공동체나 사회에서 일어나는 일에 무관심하다면 그 문제에 대해 분별하고 의견을 제시하며 결정을 내리는 것이 어렵다. 우리는 스스로가 민주주의의 주체라는 것을 인식하고 내가 속한 공동체와 나라의 미래를 위한 의사 결정에 적극적으로 참여하겠다는 마음을 갖는 것이 중요하다.◆75

또한, 함께 더 나은 세상을 꿈꾸며 공동의 가치를 만들어 가기 위해서는 존중하는 마음으로 타인의 의견에 마음을 열고 경청해야 한다. 그 과정에서 다름과 불편이 있어도 받아들이고 우리가 다양한 이해관계를 가진 사람들과 연결되어 있음을 알 필요가 있다. 소통의 과정에서 필요한 정보나 생각을 공유하면서 창조적인 아이디어를 나누는 과정을 통해 더 나은 미래를 만들 수 있다.◆76

다양한 의견을 나누다 보면 서로 대립하는 점이 발생한다. 이러한 대화가 소모적인 논쟁으로 치닫지 않기 위해서는 중재와 협상이 필요하다. 공동의 장을 마련해서 사건에 관계된 사람들 모두 충분히 자기 의견을 표현할 기회를 갖는 것, 상대의 입장이 되어 생각해 보는 것, 차이점 가운데서도 공통의 영역을 발견하고 타협의 지점을 찾는 것, 소통을 포기하지 않고 끝까지 진지하게 협상에 임하는 것이 이에 해당한다.◆77

민주주의를 위해 우리가 잃지 말아야 할 것은 정치적 상상력이다. 지치지 않기 위해서는 더 좋은 공동체의 모습을 끊임없이 상상하며 지금보다 나은 사회를 그려 보는 것이다. 내가 살아가는 공동체에서 꼭 이루고 싶은 가치와 미래를 그려 보고, 그 비전이 실현된 모습을 상상해 보는 것이다. 인류 역사는 늘 더 나은 사회를 향한 상상과 그것을 실현하고자 하는 용기를 통해 진보해 왔다.◆78

그리고 공적인 대화의 장에 참여하여 자기 생각을 표현해 보는 것이 중요하다. 우리가 꿈꾸는 이상을 위해 무엇이 필요한지 함께 사유하고, 이를 위해 어떤 노력이 필요한지 끊임없이 질문하고 논의해야 한다. 나아가 공적 판단을 내릴 수 있어야 한다. 공동의 문제에 대해 서로의 대안을 비교하고, 공동선에 도달하기 위해 결정을 내리는 단계이다. 공동의 문제에 대해 함께 판단을 내리는 것은 민주 시민의 책임이다.◆79

이렇게 공적인 과정에 참여한 다음 목표에 도달하거나 승리했다면 축하하고, 그러지 못했다 해도 함께해 준 사람들에게 감사하며, 성찰과 반성을 통해 더 나은 실천 방법과 방향을 찾는 것이 필요하다. 민주주의는 혼자 힘으로 이룰 수 없다. 공동체 사람들과 연대하고 용기를 주며 꿈과 희망을 계속해서 불어넣어 주어야 한다. 이 과정이 민주주의를 지속하게 하고 우리 자신을 더욱 성숙시킬 것이다.◆80

같이 읽어 보면 좋은 개념 | **정의** 220 | **자유** 189

ㅂ

분노

분노의 의미와 원인

분노의 좋은 측면과 나쁜 측면

분노를 해소하는 잘못된 방법

분노의 대가와 속성

분노를 극복하기 위한 단계

분단

분단의 의미와 원인

분단의 과정

분단폭력의 개념과 특징

분단폭력과 적 이미지

분단평화와 통일평화

분노 성낼 분 憤, 성낼 노 怒

분노의 의미와 원인

분노의 어원을 히브리어로 살펴보면 '황소의 씩씩거리는 숨소리'를 뜻한다고 한다. 분노는 복잡하고 어려운 감정이다. 그 안에 엄청난 파괴력을 잠재하고 있는 한편 긍정적 추동력의 원천이 되기도 한다. 분노란 '절망감과 무력감을 느껴 지극히 불쾌한 감정상태'이다. 분노가 늘 눈에 띄게 드러나는 것은 아니다. 가장 눈에 띄는 분노의 형태는 비난하며 쏘아붙이거나 불만을 담아 고함을 지르는 것이다. 하지만 이것이 가장 흔한 형태의 분노는 아니다. 가장 흔한 형태의 분노는 바로 적개심이다. 얼굴이 붉어질 정도로 화를 내는 것보다 표면 아래 숨어서 눈에 띄지 않는 분노가 훨씬 더 건강을 해친다. 우리는 때때로 우리 안에 있는 감정이 분노라는 것을 깨닫지 못할 수도 있다. 분노의 단계는 '신경 쓰인다→짜증 난다→동요된다→적개심이 생긴다→화가 난다→분노한다'와 같이 연속적으로 강도가 높아진다. 정도의 차이가 있을 뿐 어느 단계에 있든 우리는 화가 난 것이다. 분노와 상처는 동전의 양면이다. 누군가가 나에게 상처를 주면 반응 감정으로 화가 난다. 자신이 화가 났다는 것을 인지하지 못할지도 모르지만, 분노는 내가 받은 상처와 이어져 있다.◆81

심리 치료사 미샤 캐넌Marcia Cannon은 화의 요소를 크게 세 가지로 꼽았다. 첫 번째는 '고통스럽고, 부당하고, 잘못됐다고 판단되는 상황이나 행동을 경험하는 것'이다. 이러한 부정적인 경험에는 가치 있거나 중요하게 여기는 기대를 만족시키지 못하는 사건, 사람들이 포함된다. 두 번째는 '자신이 잘못된 일을 차분하고 수월하게 바로잡을 수 없다고 느끼는 것'이다. 자신이 대면하는 상황이나 사람이 자신보다 크고 강하다고 느낄 수도 있고, 자신이 상황을 바로잡을 능력이 부족하다고 느낄 수도 있다. 세 번째 '그 경험이나 발생한 문제가 너무 불편하고 불쾌해서 단순히 지나치거나 참을 수 없는 것'이다. 이때 문제를 그대로 내버려두는 것은 절대 용납할 수 없는 선택처럼 느껴진다. 이 세 가지 요소는 주로 강하게 결합하면서 함께 찾아오는데, 이런 상황이 벌어질 때 나타나는 본능적 반응이 '화'이며 '분노'다.◆82

정신적·육체적 자극이나 위협을 받게 되면 뇌의 감정을 지배하는 변연계의 경고로 부신에서 분노 호르몬이 분비된다. 이 때문에 심장 박동이 더 빨라져 온몸으로 많은 혈액을 보내면서 근육들이 더 민첩해지고 튼튼해진다. 분노가 신체를 강하게 만들어 위협과 싸우기 위한 준비 태세를 갖추는 것이다.◆83 전문가들은 뇌의 전전두엽을 가리켜 '분노 조절을 도와주는 생물학적 브레이크'라고 표현한다. 전두엽은 5세부터 14세까지 빠르게 발달하므로 이 시기 분노 조절이 교육이 중요하다.◆84 특히 뇌에서 분노와 관계된 변연계가 자주 활성화되면 이를 조절하는 전전두엽이 노화되어 점점 제 기능을 못 하게 된다. 이 결과 작은 자극에도 큰 화를 자주 내는 성격이 만들어지는 것이다. 이처럼 분노 표출은 자주 할수록 더 익숙해져 그 화에 중독되어 갈 수 있다는 점에서 위험하다.◆85 그러므로 분노가 치미는 순간에도 이를 잘 조절하고 건강히 표현할 수 있어야 한다.

분노의 좋은 측면과 나쁜 측면

분노 자체는 나쁜 것도 좋은 것도 아니다. 분노가 가진 좋은 측면도 있는데 첫째, 분노는 무언가 잘못되었음을 알려 준다. 아무 이유가 없다면 화가 날 리 없다. 피해를 보았거나 무언가를 잃어버려 상처받았기에 화가 나는 것이다. 분노는 무언가 잘못되었으니 주의를 기울여야 한다고 알려 주는 중요한 신호일 수 있다. 둘째, 분노는 정면으로 맞설 힘을 준다. 반드시 처리해야 할 불쾌한 상황에서 분노는 두려움 속에 숨지 않고 용감하게 맞붙을 수 있도록 동기 부여와 결단력을 준다. 셋째, 분노는 목표와 장애물을 명확히 구분하게 한다. 상처의 고통으로 인해 생기는 무력감에서 벗어나게 해 주고 내가 가고 싶은 곳이 어디인지 결정하도록, 무엇 때문에 그렇게 못하는지 알도록 자극한다. 분노의 힘으로 상황을 이해하고 앞으로 나아갈 수 있게 된다. 넷째, 분노는 자신의 의견을 주장하고 해결책을 찾도록 촉구한다. 분노로 인해 자신에게 부당한 상처를 주는 사람 앞에서 자신의 주장을 펼칠 힘을 얻는다. 분노로 인해 열정적으로 의견을 표현하고, 살면서 겪는 고통스러운 문제를 해결하려는 의지를 갖게 된다. 다섯째, 분노는 생기 있고 보람 있는 삶을 살게 해 준다. 분노를 통해 행동할 준비를 할 힘을 얻기 때문이다. 건설적으로 분노를 사용하면 문제를 규명하고 효과적으로 해결하도록 도와 만족스러운 성취감과 보람을 느끼게 될 수도 있다.◆86

하지만 오래 지속되는 분노는 해로울 수 있다. 분노가 가진 나쁜 측면은 첫째, 자신의 불행을 다른 사람 탓만으로 돌리는 것이다. 자신이 적대적으로 생각하는 사람을 불편하게 하려고 관심을 자신이 아닌 상처 준 사람에게로 돌린다. 둘째, 자기 불행에 책임지려 하지 않는다. 자신이 화가 나는 이유는 바로 자신에게 상처 준 사람 때문이고, 그들이 바뀌지 않는 한 자신이 할 수 있는 일은 없다고 생각하며 누군가에게 좌지우지되는 것이다. 그럼으로써 고통스러웠던 과거의 사건을 계속 곱씹으며 자신을 괴롭힌다. 셋째, 화를 냄으로써 시선을 끌려 한다. 얼굴이 뻘게지고 큰 목소리로 화를 뿜어 대지 않으면 내가 느끼는 불쾌함에 관심을 기울이지 않을 거라는 생각으로 습관적으로 분노하는 것이다. 넷째, 분노를 통해 자신이 강한 사람이 된 것 같은 기분에 빠진다. 이런 사람들은 상대방을 노려보거나 자기 마음대로 될 때까지 압력을 가하며 호통치고 위협한다. 또는 죄책감을 이용해 상대방을 자기가 바라는 대로 조종하려 든다. 이러한 방식으로 자신이 화가 났다는 것을 가지고 상대를 이용하려 든다.◆87

분노의 위험성은 오로지 그 순간에만 관심을 집중시키고 전체적인 맥락을 놓치게 한다는 점이다. 분노는 충분한 사태 파악도 하기 전에 상대를 향해 성급한 공격으로 치닫게 한다. 자기만 옳고 강하다고 믿는 경향을 부추겨 오히려 자기 방어력을 취약하게 만든다. 이미 일어난 일에만 몰두하게 만들어 앞으로 일어날 일을 간과하는 실수를 저지르게 한다. 따라서 습관적으로 불현듯 화를 내거나 분노를 폭력적으로 표출하는 사람, 분노에 집착하는 사람은 분노를 관리하고 극복해야 한다.◆88

분노를 해소하는 잘못된 방법

화를 담아 두는 데에만 집착하는 것도 문제지만 화를 잘못된 방법으로 해소하는 것도 독이 된다. 수많은 연구에서도 분노와 적대감이 우울증과 관련 있다고 하였다.

심리학자이자 심리 상담사인 딕 티비츠Dick Tibbits는 다음의 방법들이 분노를 해결하는 데 아무런 효과도 거둘 수 없다고 하였다. 첫째, '상처를 무시하고 외면하는 것'이다. "잊어버려.", "아무 일도 아니야."와 같은 말들로 상처의 심각성을 얕잡아 보거나 상처를 외면하면 해소되지 못한 상처들은 언제든 다시 살아나 자신을 해롭게 하는 못된 성질을 발휘한다. 둘째, '다른 사람의 불공정한 행동에 집중하는 것'이다. 자신의 문제점보다 다른 사람의 문제점을 보는 일이 더 쉽다. 하지만 자기 행복을 책임질 수 없는 사람, 남에게 상처를 주는 다른 사람의 행동에만 집중하면 낙담하고 불행해지며 외톨이가 될 수 있다. 셋째, '제삼자에게 화풀이하는 것'이다. 상처받아 분노가 생겼지만, 자신에게 상처를 준 사람이 멀리 갔거나 무섭거나 죽었거나 하는 이유로 대면할 수 없게 되면 어떤 사람들은 자기 분노를 다른 사람에게 표출하기도 한다. 이렇게 화풀이하면 자신의 분노로 인해 주변의 피해자만 늘게 된다. 넷째, '마음속으로 복수하는 장면을 생각하는 것'이다. 자신에게 상처 준 사람이 잘못을 인정하지 않거나 용서를 구하지 않으면 우리는 공평함을 되찾기 위해 복수해서 갚아 줄 온갖 방법을 상상하게 된다. 하지만 이러한 방법은 공평함을 찾아 줄 수도 우리의 상처를 해결해 줄 수도 없다. 다섯째, '음식이나 술, 약물을 이용하는 것'이다. 많은 사람이 상처를 입었을 때 자신의 분노에 대해 대처할 방법을 모른다. 그래서 자신의 고통과 어두운 감정을 많은 음식물로 달래려 하거나 술과 화학 물질로 가라앉히려 한다. 하지만 이것은 분노로 인해 생긴 직접적인 문제도 해결하지 못하고 건강까지 해치는 결과를 낳는다. 여섯째, '삶을 냉소적으로 대하는 것'이다. 지속된 상처를 처리하지 못해 화가 난 사람 중에는 더 나은 삶을 기약하는 희망을 조롱하고 비수를 꽂는 냉소주의자가 되기도 한다. 그들은 비꼬고 비웃으며 조롱하는 현실주의자가 됨으로써 자신을 방어하고자 하는 것이다.◆89

상처받았을 때 사람들은 주로 다음 세 가지 중 한 형태로 자신의 분노를 표출하게 된다. '수동적 태도'로 외면하거나 움츠러들거나 무언가를 바라거나 피하거나 순응하는 것이다. 이에 반해 '능동적 태도'로 비난하거나 공격하거나 강압하거나 억누르거나 다른 사람을 해치는 행동으로 표출하기도 한다. 하지만 '단호한 태도'로 문제를 직접 대면하고 할 수 있는 한 객관적으로 자신의 관점을 명확히 전달하며 확실한 경계를 그어 선을 지키는 행동으로 표출할 수도 있다. 수동적 태도는 자신은 뒤로 물러앉아 다른 사람이 바뀌기를 기다리며 삶의 통제권을 상처 준 사람에게 넘겨주는 셈이 된다. 이로 인해 분노는 점차 원한과 비통함으로 바뀌어 간다. 공격적 태도는 자신의 두려움을 감추려고 공격적이고 불량하게 행동해 다른 사람을 굴복시키려 한다. 이로 인해 자신보다 남들이 약하게 보일 때에만 스스로 만족감을 느낀다. 그러나 단호한 태도는 상대방이 품위와 배려 있는 태도로 나를 대해 주도록 요구하는 것이며, 나도 상대방에게 그렇게 대하려고 노력하는 것이다. 또한, 상대방의 가치를 존중하는 태도를 보이면서도 나는 어떤 부당한 대우도 받아들이지 않을 것임을 분명히 보여 주는 것이다. 그러므로 분노를 수동적이거나 공격적으로 표현하기보다는 단호하게 표출하는 것이 가장 효과적이다.◆90

분노를 잘 해결하지 못하면 우울해지거나 공격적으로 변해 간다. 상처받아 화가 날 때면 우리는 용서하고 싶은 생각이 들지 않을 수 있다. 하지만 화가 지속되고 원망으로 바뀌어 삶에 부정적 영향을 끼치고 있다면, 용서를 통해 자기희생이나 원망, 증오의 고리를 끊고 치유하려는 노력을 시작해야 한다.

분노의 대가와 속성

분노에는 대가가 따라온다. 분노의 '생리적 대가'는 스트레스로 인한 질병이다. 위궤양과 고혈압, 심장마비, 신경성 장애와 같은 질환의 원인이 바로 스트레스이다. 특히 분노는 위장에 극적인 영향을 미쳐 염산 분비 증가로 위염과 위궤양, 대장염, 과민 대장 증후군, 설사, 변비 등의 발병과 위험을 증가시킨다. 또한, 몸속 면역 체계에도 악영향을 끼쳐 감기에서부터 암과 같은 큰 병에 이르게 할 수 있다. 분노 때문에 '대인 관계적 대가'를 치르기도 한다. 화가 날수록 그것을 공격의 형태로 표현할 가능성이 높고, 공격은 적대감과 분노, 더 많은 공격을 낳는다. 화가 난 사람들은 상대를 겁주고 놀라게 해서 불쾌감을 일으킨다. 분노가 증가할수록 관용과 융통성은 줄어든다. 가끔 분노가 필요할 때도 있지만, 분노가 잦고 강렬한 사람일수록 인간관계에서 치유하기 어려운 손상을 입을 수 있다. 특히 적대감과 공격은 분노의 기름으로 타오르는데, 상처를 입혀 조직을 갉아먹는다. 분노한 사람의 에너지는 상처를 방어하기 위한 장벽을 세우는 데 투자된다. 분노는 상대의 변화를 강요하기 위해 자주 사용되는데, 이런 목적으로 분노를 사용하면 일시적 효과만 있을 뿐, 머잖아 상대는 분노를 사용하는 사람을 밀어내는 행동을 하게 된다. 사람들은 통제당하는 것으로부터 자아를 지키기 위해 회피, 부인, 역공격, 화제 바꾸기, 수동 공격적 방해 공작, 기타 방어적 계략을 이용해 저항하기 때문이다.◆91 삶이 기쁘지 않고 집중이 잘 안되는 것도 분노 때문일 수 있다. 기분이 좋을 때보다 기분이 나쁠 때 사람들은 부정적인 경험을 회상할 가능성이 훨씬 높아진다는 연구 결과가 있다. 화의 방어적 힘에 머물러 있으면 즐거울 가능성이 작아지고 늘 화가 난 상태가 되어 삶의 기쁨을 빼앗긴 채 부정적 성향을 띠게 된다. 격렬하게 화내지 않는다고 해도 짜증이나 신경질을 자주 낸다면 작은 화를 마음속에 차곡차곡 쌓아 온 결과일 수 있다.◆92 이 때문에 특히 만성적으로 화를 내는 사람들은 종종 무기력감에 빠지거나 삶의 만족감과 즐거움이 별로 없다고 느끼며, 자기 패배적 행동을 유도할 수 있다. 우정은 멀어지고 사랑의 관계는 깨어져서 외로움 속에 고립되거나 각종 질환에 노출될 위험이 있다.

자신이 화가 나 있다는 것을 인식하고 분노를 긍정적인 방식으로 이용할 수 있으려면 분노의 속성을 이해할 필요가 있다. 첫 번째, 분노는 정상적이다. 분노 자체를 부정하거나 숨기는 것보다 분노를 인정할 때 분노에 대한 이해가 시작된다. 두 번째, 분노는 고통스러운 감정들을 덮어 준다. 버림받은 느낌, 두려움, 수치감, 굴욕감, 배신감, 무력감, 초조감, 압도감, 거부감 등 자신의 삶에서 반복적으로 느끼는 고통스러운 감정은 무엇인지 생각해 볼 필요가 있다. 세 번째, 분노는 지극히 개인적이다. 사람들은 저마다 화에 접근하는 방식이 다르고 반응도 다르다. 자기만의 분노 패턴이 있다는 것을 알아야 한다. 네 번째, 분노는 개인적 역사에 기반한다. 한 사람의 성장 과정을 통해 형성된 신념과 분노는 연결되어 있다. 다섯 번째, 분노는 변화의 가능성을 제시한다.◆93 분노를 통해 깨달음을 얻고 분노 패턴을 의식적으로 바꿔 나가는 과정을 통해 우리는 변화되고 성장할 수 있다.

분노를 극복하기 위한 단계

분노의 뿌리에는 책임을 전가하고 싶은 충동이 자리 잡고 있다. 누구 때문에 내 고통이 생겼다는 인식은 자신을 하나의 피해자로 만들어 다른 사람의 책임으로 내가 고통받는 것이라 느끼게 된다. 하지만 내 고통의 책임을 다른 사람에게서 찾는 방법으로는 분노를 극복할 수 없다. 나 자신만이 나의 삶에 책임이 있다는 인식의 전환이 필요하다. 나만이 자신의 욕구를 진정으로 알고 이해할 수 있는 유일한 사람이기 때문이다. 다른 사람들이 그들 자신을 돌보고 그들 자신의 욕구를 충족시키는 데 초점을 맞추는 것을 부당하다고만 할 수는 없다. 모든 관계에서 사람들 각각의 욕구는 서로 달라 갈등을 일으키므로 부딪치는 것이 불가피하다. 이때 가장 좋은 해결책은 타협점을 찾거나, 무언가를 얻기 위해 무언가를 주는 것이다. 다른 사람은 나의 필요를 책임질 수 없으므로, 중요한 것은 필요를 충족시키고 고통을 피하는 나의 전략이다. 당신의 전략이 효과적일수록 당신은 자신의 생활에 만족할 수 있다.◆94

『분노의 기술』이라는 책에서는 초점을 다른 사람에게서 자신에게로 바꾸기 위한 질문을 던진다. 분노 상황 직전에 발생했고 분노에 기여한 스트레스는 무엇인가? 내 분노에 불을 지폈던 것은 무엇이었는가? 다른 사람들에게 내가 원하는 것을 하도록 하는 분노보다 효과적인 방법은 없을까? 나는 나의 욕구를 채우고 스트레스를 줄이기 위해 무엇을 할 수 있을까? 내가 필요로 하는 것 중 일부를 나에게 줄 수 있는 다른 상황이나 사람이 있는가? 어떤 한계를 정해서 거절하거나 나의 참여를 줄일 필요가 있지 않은가? 내가 원하는 것을 위해 어떻게 부탁하고 협상할 수 있을까? 다른 전략이 실패한다면 결국 나는 기대를 내려놓거나 갈등하고 있는 사람을 놓아 보내는 것 중 무엇을 선택하겠는가? 그리고 우리가 어떤 사람의 행동에 불만이 생길 때, 다음 여섯 가지 단계를 거쳐 책임 있는 결정을 할 수 있다고 제안한다. 첫 번째, 상대에게 내가 원하는 것을 하도록 하기 위한 보다 효과적인 전략을 개발한다. 두 번째, 내 안의 욕구를 돌아보고 찾아낸다. 세 번째, 당신이 원하는 것을 줄 수 없고 주려고 하지도 않는 사람에게 계속 요구하는 대신, 지원과 배려, 감사를 받을 수 있는 새로운 방법이나 원천을 찾아낸다. 네 번째, 내가 원치 않는 것에 대해 거절하는 것은 어디까지나 내 책임이라는 것을 인식하고, 한계를 정한 후 그것을 상대에게 표현한다. 다섯 번째, 내가 원하는 것을 직접 요구하고 타협을 이루기 위해 협상한다. 여섯 번째, 두 가지 방법 중 선택하여 수용하고 받아들인다. 하나는 관계를 유지하기 위해 상대나 상황이 바뀌지 않는 부분에 대해서는 그대로 인정하고 받아들이면서 고통을 줄이는 것이다. 또 하나는 자신에게 보상도 없고 혜택보다 대가를 더 많이 요구하는 상황이라면 갈등하고 있는 사람을 놓아 버리는 것이다. 처한 상황은 아무것도 변하지 않고 내가 계속해서 고통 속에 있어야 한다면 관계의 끈을 놓는 것이 나를 보호하는 것이다.•95 나 자신을 돌보는 것은 대가를 요구한다.

같이 읽어 보면 좋은 개념 **갈등** 023 | **공감** 035 | **대화** 051 | **용서** 154

분단 나눌 분分, 끊을 단斷

분단의 의미와 원인

분단의 실체를 이해하는 것이 중요한 이유는 평화롭지 못한 한반도, 한반도 비평화의 뿌리에 분단이라는 상황과 구조가 깔려 있기 때문이다. 분단은 한반도에 불안과 위험을 야기했고, 참으로 많은 갈등과 불행을 가져왔다.◆96 '분단'의 한자어는 나눌 분分, 끊을 단斷으로 '동강이 나게 끊어 가른다'라는 뜻이다. 하나였던 우리 민족은 언제부터 남북으로 동강 나 갈라져 살게 되었을까?

1945년 8월 15일은 기다리고 기다리던 해방과 광복, 독립의 날이었다. 1910년 8월 29일 한·일 병합 조약으로 국권을 빼앗긴 이후 35년 동안 일제의 잔혹한 지배를 받다가 벗어나게 되었기 때문이다. 하지만 8·15 광복은 우리 민족에게 해방의 기쁨과 함께 분단의 시작을 동시에 안겨 준 날이기도 하다.

일본·독일·이탈리아와 미국·영국·중국·소련 등 연합국 사이에서 벌어진 제2차 세계 대전에서 연합군이 승리했다. 일본 대표는 항복하고 '포츠담 선언'을 받아들이겠다고 발표한다. 1945년 7월 26일에 포츠담에서 미국·영국·중국 대표가 모여 일본의 항복 조건과 일본 점령지의 처리에 관해 발표했는데, 한국의 독립도 이 선언에 약속되어 있었다. 미국이 일본에 원자 폭탄을 떨어뜨리기 이전, 이탈리아와 독일이 이미 항복했고 일본도 항복할 기미를 보이고 있었기 때문에 미리 이러한 논의가 이루어진 것이다.◆97 또한, 그보다 앞서 1943년 11월에 장제스, 루스벨트, 처칠이 합의한 '카이로 선언'◆98에서 한국의 독립이 최초로 명시되어 국제적인 보장을 받았다. 이것은 독립운동가들의 치열한 독립 투쟁이 있었기에 가능한 일이었다. 따라서 우리 민족의 해방은 독립운동가들의 피나는 노력과 연합국의 힘이 합해져 얻어 낸 공동 노력의 결과물이었다.

하지만 일본이 항복을 결정한 직후 미국이 소련에 38도선을 경계로 남북을 각각 점령하자는 제안을 했고, 소련이 이를 받아들여 해방과 함께 한반도는 38도선을 기준으로 갈라져 버린다. 독일의 경우 세계 대전 당시 침략 전쟁을 일으킨 진영이기 때문에 전쟁에서 패하고 동독과 서독으로 나뉘었듯이, 연합국이 분할 점령할 수 있었던 나라는 일본이었다. 하지만 미국은 태평양에 대한 영향력을 잃지 않기 위해 일본을 단독으로 점령하기 원했고, 미군이 일본과의 전쟁에 집중할 때 한반도에 소련군이 먼저 들어온 상황이었다. 소련이 한반도를 단독으로 점령하는 것을 막기 위해 미국은 38선을 중심으로 분할 점령을 소련 측에 제안했던 것이다. 소련은 사실 태평양 전쟁 막바지에 참전했기에 동북아시아 방어망 구축을 위해 38선 이북 지역을 점령하는 것만으로도 큰 소득이라 여겼다.◆99 무엇보다 한반도가 위치한 곳은 대륙 세력과 해양 세력이 만나는 매우 중요한 지점이었다.

이처럼 분단 자체가 구성원들의 의사를 무시하고 강대국의 동북아시아 정책에 의해 강요된 것이었기에 그 시작부터 평화롭지 못했다. 게다가 분단 상황 속에 들어선 남과 북의 정권이 서로 대결과 경쟁을 시도하는 가운데 수많은 폭력적 행동을 저질렀다. 따라서 한반도를 평화롭지 못하게 만드는 근본적 원인은 분단과 그 구조를 지속시키는 폭력적인 힘 때문이라고 할 수 있다.◆100

분단의 과정

한반도 분단은 '영토' 분단, '체제' 분단, '마음' 분단의 3중 분단으로 진행되었다. 영토 분단은 1945년 8월 북위 38도선을 기준으로 지리적으로 나뉘어 한반도가 남과 북으로 분할된 것을 가리킨다. 체제 분단은 1948년 8월 15일에 남쪽에서는 대한민국, 1948년 9월 9일 북쪽에서는 조선민주주의인민공화국 정부가 수립되면서 정치적 분단이 시작된 것이다. 마음 분단은 1950년~1953년의 한국 전쟁으로 남과 북의 심리적 분단이 강화된 것을 말한다.◆101

1945년 8월, 미군이 일본에서의 전쟁 뒤처리로 아직 한반도에 들어오지 못하고 있을 때, 소련군은 한반도에 먼저 들어와 일본군과의 전투에서 승리를 거두며 북한 지역을 점령하고 있었다. 미 국무성은 긴급회의를 열고 소련이 한반도를 독차지하는 것은 막아야 한다고 지시했다. 당시 자본주의와 공산주의 진영을 대표해서 세력 다툼을 벌이고 있던 미국과 소련에 한반도는 군사적으로 아주 중요한 곳이었다. 8월 11일, 불과 30분 만에 미군 대령 '딘 러스크'에 의해 38선이 그려졌다. 그리고 소련의 '스탈린'은 38선을 중심으로 세력 분할을 하자는 미국의 제안을 받아들였다. 결국 해방과 동시에 한반도는 분할되어 미국과 소련의 영향력 안에 들어가게 되었다.

소련군은 38선 지역부터 먼저 점령한 다음 그 이북 지역을 점령해 나갔다. 8월 23일부터 28일까지 서해안에서부터 동해안에 이르는 38선 근처 북한 지역의 교통 요지를 모두 점령했다. 그러고는 38선 이남 지역과 이북 지역 간의 모든 교류를 막아 버리고 말았다. 갑작스럽게 통행도 금지되었고 도로와 철도, 전화, 전보, 통신도 차단되었을 뿐만 아니라 우편물의 교환도 금지되었다. 소련군의 이러한 조치는 미군이 아직 남한에 도착하지도 않은 상황에서 일방적으로 취해졌다.◆102

백범 김구를 중심으로 한 '대한민국임시정부', 몽양 여운형을 중심으로 한 '건국준비위원회'는 독립운동가들을 중심으로 해방 이후 새 나라를 건설할 희망에 차 있었다. 하지만 미군정(미국 군사 정부)은 이를 인정하지 않고 미군이 직접 남한을 통치한다고 선언했다. 그리고 조선 총독부 밑에서 일했던 한국인 관리와 경찰들, 즉 친일파들이 계속 일하도록 했다.◆103 1945년 12월, '모스크바 삼상 회의' 결과에 따라 미국·영국·소련 3국이 한반도에 대한 '신탁통치(강대국이 자치 능력이 부족한 약소국을 일정 기간 다스리는 것)'를 한다고 발표했다. 신문에 임시 민주주의 정부를 세울 거라는 내용은 쏙 빠지고 '소련은 신탁 통치 주장, 미국은 즉시 독립 주장'이라는 사실과 다른 내용이 실리면서 식민지는 절대 안 된다는 '반탁 운동'과 무조건 반대할 게 아니라 임시 정부를 빨리 세워야 한다는 '찬탁 운동'으로 갈라져 다투게 된다.◆104 분열하지 말고 하나된 나라를 세우자고 주장했던 여운형과 김구는 암살당했다. 결국 1948년 8월 15일 남한에서는 이승만을 중심으로 대한민국 정부가, 같은 해 9월 9일 북한에서는 김일성을 중심으로 조선민주주의인민공화국이 세워진다.

남한과 북한에 전혀 다른 성향의 정부가 세워졌을 때부터 전쟁의 불씨는 타오르기 시작했다. 남한은 미국, 북한은 소련의 지원을 받으며 서로 경쟁하고 대립했다. 결국 6·25 전쟁, 또는 한국전쟁이라 불리는 국제전을 치르고 분단은 돌이키기 힘들 정도로 굳어지게 된다. 같은 민족끼리 서로 죽고 죽이는 너무도 가슴 아픈 싸움을 벌였기 때문이다. 1950년 6월 25일 시작된 전쟁은 3년 넘게 계속되었고 1953년 7월 27일, 오랜 협상 끝에 미국, 북한, 중국 대표가 전쟁을 잠시 중단하는 '정전 협정'에 서명한다. '평화 협정'이 아니었기 때문에 전쟁을 완전히 끝내지 못한 상태로 오늘날까지 이르게 되었다. 정전 협정으로 38선은 '군사분계선'으로 바뀌고, '남방 한계선', '북방 한계선'과 같은 새로운 경계선이 만들어졌다.◆105

분단폭력의 개념과 특징

분단폭력은 '분단'과 '폭력'의 조합어로 한반도 분단의 폭력성을 드러내는 개념이다.

폭력이란 '남을 거칠고 사납게 제압할 때 쓰는, 주먹이나 발 또는 몽둥이 따위의 수단이나 힘. 넓은 뜻으로는 무기로 억누르는 힘'이다. 폭력은 단지 남을 해치기 위해 직접적으로 행사되는 힘이나 육체적으로 해를 입히는 행동만이 아니라 폭력을 행사하겠다고 위협하는 말도 포함된다. 언어로 가하는 부당하고 치명적인 힘도 폭력에 해당한다. 이러한 폭력은 사람의 신체를 상하게 하는 것이 아니라 마음에도 깊은 상처를 남긴다. 넓은 의미에서 분단폭력은 '지리, 체제, 민족의 3중 분단이 한반도 구성원들에게 가하는 폭력'으로 직접적이고 물리적인 폭력을 넘어서 간접적이고 문화적인 폭력을 포함한다. 즉 분단 상황이나 분단을 명분으로 사람을 죽이거나 상처를 입힌 행위, 인권을 침해하고 정신적으로 억압하는 행위, 굶주림을 방치하거나 노동력을 착취하는 행위, 그리고 이를 뒷받침하는 사상과 문화를 말한다.◆106

분단폭력이 일반적인 폭력과 다른 점은 다음의 몇 가지 특징을 통해 설명할 수 있다. 첫째, 분단폭력은 자본주의 또는 공산주의라는 '이데올로기(사회 집단에서 사상, 행동, 생활 방법을 근본적으로 제약하고 있는 관념이나 신념)'를 지켜야 한다는 목적하에 가해지는 폭력이다. 남한은 미국의 자본주의, 북한은 소련의 공산주의라는 적대적인 이데올로기로 분단되어 각자의 사상과 이념을 절대적인 가치로 여기고 믿고 따랐다. 이로 인해 이데올로기를 폭력 사용의 정당성으로 삼았는데, 이러한 분단폭력은 남한과 북한이라는 국가 간에 행사되었을 뿐만 아니라 체제 내부에서도 상대 체제와 이념에 동조하는 사람들에게 위협하고 상해를 가하는 행동을 정당화했다.◆107

둘째, 분단폭력은 전쟁이 아직 끝나지 않은 '정전 체제'를 명분으로 행사하는 폭력이다. 정전 체제에서는 서로를 실제적인 적으로 여기기 때문에 상대방에 대한 폭력적 행위도 전쟁 상황이라는 명분으로 전투를 수행하는 것처럼 정당하게 여겨진다. 남한과 북한 간, 그리고 체제 안에서도 구성원들에게 폭력을 가할 때 적의 편에 동조하는 세력이므로 제거해야 한다는 논리로 폭력 행동이 일어나곤 했다.◆108

셋째, 분단폭력은 남한의 '국가보안법'과 북한의 '형법'이라는 법질서에 의해 정당화되는 폭력이다. 국가보안법은 북한을 '국가를 변란할 것을 목적으로 정부를 참칭하고 있는 반국가단체(제2조)'로 규정하고 있다. 또한, 형법에서는 '조국을 배반하고 다른 나라로 도망쳤거나 투항, 변절하였거나 비밀을 넘겨준' 조국 반역죄(62조)와 '제국주의자들에게 조선 민족의 리익을 팔아먹은' 민족 반역죄

(67조)를 엄중한 죄로 규정하고 있다. 이러한 법질서에 근거해 구성원들에게 억압적이고 폭력적인 행동을 허용한다.◆109

넷째, 분단폭력은 대부분 국가나 정권, 조직이 가해의 주체가 되어 집단성을 띠고 자행되는 폭력이다. 폭력을 주도한 가해자가 개인이라 하더라도 폭력 행사는 국가나 정권, 조직의 이름으로 이루어지기 때문에 가해자를 특정하기 어렵다. 또한, 국가에 대한 충성과 애국심을 동원하기 때문에 폭력이 정당화되거나 은폐되기 쉽다. 즉 분단폭력은 남북한의 국가가 폭력의 주체가 된다는 특징이 있다.◆110

분단폭력과 적 이미지

인간의 마음은 실존하는 것들을 객관적으로 이해하기보다 왜곡된 이미지 혹은 상징에 유혹되곤 한다. 그리고 인간의 마음에 형성된 이미지와 상징은 쉽게 바뀌지 않는다. 이로 인해 인간은 자신과 다른 개인이나 집단에 막연한 두려움과 공포를 느끼고, 상대에 대한 적대적 인식은 폭력의 사용을 정당화하는 근거가 된다. 특히 전쟁을 겪고 70여 년간 분단체제를 유지해 온 남한과 북한에서 '적 이미지'는 남북한 정치 지도자들과 정책 결정자들에 의해 정치적으로 활용되어 왔다.◆111

적 이미지는 다양한 심리적 방어 기제에 의해 만들어진다. 이러한 방어 기제 중 하나는 자신 혹은 다른 요인에 의해 발생한 갈등의 원인을 적에게 돌리고 비난함으로써 자신의 행태를 정당화하는 것이다. 특히 국제 정치에서 적은 지배와 정복을 추구하고, 악마적이고 잔인하며 공격적인 대상으로 인식된다. 이러한 적을 상대로 수행하는 '거룩한 사명을 띤 전쟁'은 대중에게 심리적 만족감을 줄 수 있게 된다. 상대는 악한 존재이고 자신은 선한 존재로 여기는 것이다. 이로 인해 상대를 공격하는 행위자는 자신의 행태에 대한 성찰이나 평가는 전혀 하지 않고, 자신의 이미지를 지키고 보호하는 데에서 만족을 느낀다. 또한, 적 이미지는 상대방과 비교하여 자신들이 도덕적으로 우월하다는 만족감을 제공한다. 이러한 우월 의식은 종종 전쟁 상황에서 상대방에 대한 폭력 행위를 정당화시키는 중요한 기능을 하게 된다.◆112

적 이미지는 대화와 교류가 단절될 때 더욱 악화된다. 적 이미지가 정보의 부족과 오해로 강화되는 것이라면 그 이미지 개선을 위해 객관적 정보의 제공과 흐름이 가능해야 한다. 그런데 대화와 교류가 단절되면 정보를 받아들이는 인식 체계의 왜곡이 심해지기 때문에 상대의 의도를 오해하게 만든다. 이로 인해 서로 협상해야 할 문제에 대해서도 공동의 이익을 추구하거나 합의에 이르는 데 심각한 장애가 된다. 또한, 적 이미지가 심화되면 대중들은 악마와 같은 상대는 오로지 무력에 의해 통제할 수 있다고 생각하기 쉽다. 이러한 인식 속에서 악마와의 싸움에서 힘을 키우기 위해 노력하지 않는 것은 나약함으로 여겨지기 때문에 군비 경쟁을 추구하는 것이 정당화된다. 적 이미지는 집단 내 구성원들의 사회적 불만의 표출을 억누르는 데에 이용되기도 한다.◆113

마찬가지로 북한에 대해 적 이미지를 갖는다면 북한을 상대로 행해지는 적대적 행위들에 대해 성찰적 판단이 부족한 채 정당화될 가능성이 높아진다. 특히 북한에 대한 비판이 과거의 역사적 경험으로 형성된 이미지와 정책 결정자의 신념에 의해 결정된다면 남북 관계의 갈등은 더 커질 수 있다. 현재 상황에 대한 책임을 지우기 위해 상대방을 희생양으로만 이용하려 한다면 발전적인 남북 관계를 만들어 가기 어렵다. 한국 사회 일부에서는 북한 주민들은 선량하지만, 북한 지도층이나 지도자를 악마로 인식하기도 한다. 이러한 시각은 소수의 악마적 지도자들을 제거한다면 문제가 해결될 것이라는 논리적 비약 또는 군사적 충돌을 가져올 수 있다. 실제로 독재자가 제거되었어도 사회적 문제들이 해결되지 않거나 실질적 민주화가 진행되지 못한 사례가 많다. 따라서 남북한 간에 서로 적 이미지가 강화되지 않도록 정책적 노력이 필요하다.◆114

분단평화와 통일평화

'한국 평화학'은 '한반도 평화학'이라고도 불리는데, 한반도를 둘러싼 평화와 분단폭력 문제를 다루는 학문이다. 분단폭력은 분단 때문에 일어나거나 분단을 명분으로 행해지는 다양한 폭력을 말한다. 한반도 평화학은 이러한 한반도의 분단폭력을 극복하고 통일 평화를 이뤄내는 데 지혜를 모으며 대안을 제시하기 위한 학문이다. '한반도 평화학' 분야의 대표적인 학자 김병로·서보혁은 『분단폭력』이라는 책에서 '분단폭력, 분단평화, 통일폭력, 통일평화'의 개념을 제시했다.◆115 그렇다면 분단폭력 너머에 있는 '분단평화'와 '통일평화'란 무엇일까?

분단평화는 분단된 상황 속에서 평화 공존과 평화 번영으로 나아가자는 발상이다. 만약 통일이 전쟁이나 다른 급변 사태의 방식으로 일방적으로 이뤄진다면, 통일 과정 자체가 통일을 당한 사람들 관점에서 폭력일 수 있다. 이처럼 통일폭력은 통일이 되더라도 너무나 많은 희생을 치르게 되고, 또 다른 형태의 폭력을 발생시켜 평화를 해치고, 사회 폭력을 정당화하는 결과를 낳을 수 있다. 또한, 통일폭력은 통일은 평화적인 방식에 의해 이루어져야 한다는 헌법 정신에도 위배된다. 따라서 분단평화는 단기적으로 불가능한 통일에 매달리기보다는 분단 상태에서 남북 주민이 서로 왕래하고 협력하며 평화롭게 지내자는 실용주의적 견해로 볼 수 있다. 그런데 분단평화를 주장하는 사람들 사이에서도 서로 다른 두 가지 입장이 있다. 첫 번째는 통일을 추구하되 먼저 남북 간 신뢰 조성과 긴장 완화를 통해 평화를 정착시켜야 한다는 것이다. 이것은 남북한 당국도 합의한 바 있는 공식 입장이다. 두 번째는 통일은 불가능하거나 통일폭력으로 이어질 것이기 때문에 통일을 추구하

지 말고 분단 상태에서 상호 체제를 존중하며 평화롭게 지내자는 것이다.◆116

이에 대해 통일평화는 분단체제가 유지되는 상태에서 지속 가능하고 안정적인 평화를 가져올 수 있는지 의문을 제기한다. 분단체제의 두 분단 권력이 언제든 상호 적대적이며 반평화적 행위를 할 가능성이 존재한다는 것이다. 따라서 통일평화는 평화를 궁극적인 목표로 두고 통일은 평화로 가는 길에 달성해야 할 중간 목표로 둔다. 분단폭력을 없애기 위해서는 통일평화가 최선이며, 그래야 지속 가능하고 항구적인 평화가 올 수 있다는 것이다. 따라서 통일평화는 급격한 통일이 아닌 점진적이고 단계적인 방식으로 남북이 화해와 협력을 통해 신뢰를 쌓아 궁극적으로는 정치적 통합까지 달성함으로써 통일국가를 완성하는 것을 추구한다. 통일 후에도 남북이 평화 공동체를 만들어 가기 위해서는 지속적인 통합 노력을 기울여야 할 것이다. 분단평화와 통일평화가 완전히 상충하는 견해라기보다는, 통일평화로 가는 긴 여정의 일정 지점에 분단평화가 위치하는 것으로 볼 수도 있다.◆117

같이 읽어 보면 좋은 개념 **폭력** 279 | **통일** 239 | **통합** 259 | **화해** 297

ㅅ

생태

생태의 의미와 생태 위기

생태 폭력

생태 평화

기후 정의와 다종 간 정의

생태 평화를 위한 실천

생태 날 생 生, 모양 태 態

생태의 의미와 생태 위기

'생태生態'의 사전적 의미는 '생물이 살아가는 모양이나 상태'를 말한다. 즉 생물이 주변 환경과 관계 속에서 생명을 유지하고 살아가는 다양한 상태라고 할 수 있다. 이 용어는 에콜로지ecology라는 말에서 유래했는데, 우리말로는 생태학 또는 생태론으로 번역된다. 생태학은 원래 생물과 주변 환경과의 관계를 연구하는 생물학에서 나누어진 학문으로 시작되었다. 그런데 20세기 후반부터 환경 문제와 생태 위기가 점점 심각해지면서 사회 생태학, 정치 생태학, 생태 운동 등 다양한 용어와 결합하여 널리 사용되고 있다. 이 과정에서 '생태'라는 말은 인간으로 인한 자연환경 훼손 문제를 해

결하려는 사회적 활동과 관련 있는 용어가 되었다.◆118

문제는 인간에 의해 지구가 매우 심각한 생태 위기에 처했다는 사실이다. 역사상 인간처럼 지구 전체에 큰 피해를 준 생물은 없다. 생태계는 붕괴 위험에 처했고, 이 재앙의 주범인 인간들도 미래가 흔들리고 있다. 지구상의 생명체들은 급격히 사라지고 있으며 그 진행 속도가 너무 빨라서 과학자들은 '대멸종'이 일어나고 있다고 말한다. 지난 40년 동안 야생 동물 종의 수는 절반 정도 줄었다. 같은 기간에 미국에서 30억 마리, 유럽에서 4억 마리가 넘는 새들이 사라졌다. '생물 다양성'은 지구상에 얼마나 다양한 생물이 분포해 있는지를 나타내는 기준인데, IPCC(기후 변화에 관한 정부간 협의체)의 생물 다양성에 대한 보고서에 따르면, 멸종한 생물 종의 수가 20세기 초에 비해 100배 증가했다고 한다. 생물 종이 감소했을 뿐만 아니라 그 종 내의 많은 개체가 죽어 가고 있어 개체 수도 급감한 것이다.◆119

지구의 평균 기온이 점점 높아지는 현상을 말하는 '지구 온난화'는 인류의 당면 과제가 되었다. 과학자들은 지난 2만 년 동안 지구 온도가 6.1°C 정도 오른 것에 비해 최근 백 년 동안 온도가 1°C 넘게 상승했다고 말한다. 산업화와 인구 증가, 무분별한 자연 훼손으로 지구 온난화가 비정상적으로 가속화된 것이다. IPCC가 발표한 2021년 6차 특별 보고서에는 온실가스 수준을 지금 수준으로 유지하면 2040년까지 지구 평균 온도가 1.5°C 넘게 증가할 것으로 예측했다. 티핑 포인트tipping point란 어떤 현상이 다시 돌이킬 수 없는 극적인 전환점에 이르게 되는 순간을 말하는데, 기후학자들은 지구 평균 기온 상승의 티핑 포인트를 1.5°C로 보고 있다.◆120 그렇게 된다면 가뜩이나 취약한 생태 균형이 한순간에 무너져 통제할 수 없는 연쇄 반응으로 인류의 존속 자체가 어려워질 수 있다.

기후 위기 시대에 우리가 생태 폭력을 멈추고 생태 평화를 위해 노력하는 것은 인류의 생존을 위해 필수적인 과제가 되었다. 기후 변화로 인한 물과 땅, 식량 부족은 사회 집단과 국가 간 갈등과 폭력, 전쟁을 불러올 수도 있다. 이러한 생태 위기는 개별적인 것이 아니고 지구촌 전체를 위협하고 있으므로 지구적인 협력과 문제 해결을 요구한다. 안보의 개념이 전통적인 국가 안보에서 인간 안보로 확장된 이유도 이와 관련 있다. 인간 안보를 위해서는 오염 방지, 지구 온난화 억제, 생태계 보전이 필수 요소로 포함되어 있다. 이제 생태 환경에 대한 폭력을 그대로 두고 인간들만의 평화를 유지하는 것은 불가능한 시대가 되었다.

생태 폭력

'생태 폭력'은 하늘, 공기, 땅, 물, 그리고 지구상 모든 생명에 대한 위협으로 생태 환경이 오염되고 파괴되는 일련의 현상을 말한다. 그 밑바닥에는 환경을 마음대로 다루어도 된다는 오만함과 환경 파괴에 대한 무감각, 인간의 무한 욕망이 자리하고 있다. 생태 환경의 오염과 파괴는 결국 인간의 생존 환경도 위태롭게 하는데 인간이 이를 무시하는 데 심각성이 있다. 생태 폭력의 형태는 크게 세 가지로 나눠 생각해 볼 수 있다.◆121

첫 번째, '개발 지상주의에 의한 환경 파괴'이다. 정치인들은 표를 얻기 위해 개발되어야 발전하고 그래야 더 잘살 수 있다고 국민을 현혹한다. 이러한 정치 논리는 개발에 따른 막대한 이윤이 창출되는 경제 논리와 손을 맞잡고, 여기에 우리 지역도 공장이나 큰 건물이 들어서야 한다는 지역 발전 논리가 가세한다.◆122 이 과정에서 개발 계획에 따른 토지 소유자나 건설업자 등의 이익, 보상이나 지역 발전에 대한 주민의 기대감으로 환경 문제는 도외시 될 때가 많다. 결국 개발을 위해 원시림이 파괴되고, 갯벌이나 숲은 땅으로 바뀐다. 땅에는 화학 물질이 살포되거나 건물 및 도로가 건설되고, 삶의 터전을 잃어버린 동물들은 점점 멸종되거나 인간의 생활 반경으로 들어와 코로나19와 같은 감염병 발생의 원인이 된다.◆123

두 번째, '소비 지상주의에 의한 환경 파괴'이다. 유발 하라리 Yuval Noah Harari는 『사피엔스』라는 책에서 현대 자본주의 경제는 끊임없이 생산량을 늘려야만 하고 누군가 제품을 사 주어야 기업이 파산하지 않기 때문에 등장한 새로운 종류의 윤리가 소비 지상주의라고 했다. 저자는 '소비 지상주의가 대중 심리학의 도움을 받아 탐닉은 좋은 것이며 검약은 스스로를 억압하는 것이라고 사람들을 설득하는 데 성공했고, 실제로 우리는 필요하지 않은 상품들을 무수히 사들인다. 제조업자들은 불필요하게 갱신하는 새 모델을 발명하고, 일부러 수명이 짧은 상품들을 고안한다.'고 하면서 '비만은 소비 지상주의의 이중 승리다. 사람들은 너무 많이 먹고

다이어트 제품을 산다.'고 꼬집어 말했다.◆124 결국 우리가 소비하는 것들을 만들기 위해 전 세계의 땅과 숲이 채굴·채벌되고, 이렇게 제작된 상품은 소비자들에게 팔린 후 과도한 양의 쓰레기로 배출된다. 또한, 수송용 기계와 에너지 이용량이 늘면서 온실가스 발생이 증가한다. 이로 인해 지구 온난화로 인간뿐 아니라 지구 생태계 전체에 커다란 위기를 불러오고 있다.

세 번째, '무력 분쟁과 전쟁에 의한 환경 파괴'이다. 전쟁의 피해는 대개 부상 및 사망한 군인과 민간인의 피해, 산업 및 도시 기반 시설 피해 등을 중심으로 산정되어 왔다. 하지만 간과해서는 안 되는 부분이 환경이 입게 되는 심각한 손상이다. 전쟁 중에는 물과 토양이 오염되고 숲은 황폐해지며, 농작물도 큰 피해를 본다. 이뿐만 아니라 야생 동물들은 무참하게 학살되거나 서식지를 잃게 된다. 군사력 증강은 많은 자원을 소비하고 탄화수소를 배출하며 대규모 군대에서는 각종 유독 물질이 배출된다. 군사 기지 설치 및 운영과 군사 훈련을 위해서 많은 땅이 제거되고 오염된다. 무엇보다 고강도 분쟁은 자연을 파괴하고 대량의 이산화탄소를 배출시켜 생태 환경에 막대한 피해를 주며, 국제 사회의 기후 변화 대응을 후퇴시킨다.[125] 이처럼 전쟁은 자연과 동물, 인간 모두를 파괴하는 폭력이므로 더욱 심각하다.

생태 평화

평화란 '모든 종류의 폭력이 없거나 폭력이 감소하는 것'을 포함하는 개념이다. 따라서 생태 평화란 '모든 종류의 생태 폭력이 없거나 생태 폭력이 감소하는 것'과 관련 있다. 폭력이 인간 사이의 문제인 것과 달리 생태 폭력은 인간 사이는 물론 인간과 자연, 인간과 동물 관계에서 발생하는 문제이고 그 원인이 인간에게 있다. 인간이 동물과 자연을 지배하고 이용하려 할 때 생태 폭력이 발생한다면, 생태 평화는 함께 공존하는 관계로 전환할 때 가능하다.[126] 그렇다면 어떻게 생태 평화를 이룰 수 있을까?

WCED(UN 환경과 발전에 관한 세계위원회)는 1987년에 「우리 공동의 미래」라는 보고서에서 인간의 생산과 소비가 현재의 패턴으로 유지된다면 머지않아 돌이킬 수 없는 재앙이 닥칠 것이라고 경고했다. 또한, 이미 21세기를 내다본 환경 전략으로 '지속가능발전'

을 제안했다. 지속가능발전이란 '미래 세대의 욕구를 제약하지 않으면서 현세대의 필요를 만족시키는 발전', 다시 말해 '현세대와 미래 세대의 공존, 인간과 자연의 공존을 지향하며 자연의 법칙과 조화를 이루며 유지되는 삶'으로 정의할 수 있다. 이 보고서를 기초로 리우회의(UN 인간환경개발회의)는 1992년 지속가능발전 개념을 수용하고, 선언문 제1조에 "인간은 자연과 조화를 이룬 건강하고 생산적인 삶을 향유해야 한다."라고 명시했다. 2009년에는 UN 총회에서 '지구의 날'을 제정했고, 2015년 9월에는 UN 지속가능발전 목표SDGs 17개가 193개 회원국 만장일치로 채택되었다.◆127

지속가능발전과 함께 주목할 만한 새로운 흐름은 2001년에 토머스 베리Thomas Berry가 처음 제안한 '지구법학'이다. 산업 문명 시대의 근대법은 국가와 국민은 있되 자연은 사라진 인간 중심주의 세계관으로 만들어졌기 때문에 근본적 결함이 있으므로, 지구 중심주의 세계관으로 설계된 새로운 법 제도를 수립하자고 주장하는 철학적 원리가 지구법학이다. 토머스 베리는 우리의 삶이 지구 생태계와 상호 의존적으로 결속되어 있음을 깨닫고, 우리 관심을 인간 세계에서 자연 세계로 확장해 지구 안에서 기능하는 법 제도를 만들어야 한다고 보았다.◆128 이는 지구를 정복하고 지배해야 할 대상이 아니라 우리 삶의 공동체, 즉 '지구 공동체'로 여기는 세계관에 기초하고 있다.

그러나 생태 위기를 해결하기 위한 목적으로 권위적인 주체가 강제적인 방식으로만 생태를 보호하려 한다면 또 다른 억압과 갈등이 생길 수 있다. 또한, 생태 사회 위기의 중요한 특징은 생태 폭력 구조를 결정하는 이들과 그 피해를 부담하는 이들이 일치하지 않는다는 문제가 있다.◆129 따라서 생태 평화를 이루기 위한 또 하나의 해답을 '생태 민주주의'에서 찾을 수 있다. 생태 민주주의란 민주주의라는 제도의 참여자 범위를 법적 권리가 없는 청소년, 미래 세대, 비인간인 동물이나 자연까지 확대하여 더 많은 소통과 충분한 고민, 참여를 통해 생태를 살릴 수 있는 정치라고 할 수 있다. 아직 태어나지 않은 미래 세대나 사람의 언어를 하지 못하는 동물과 생태계의 목소리는 이들을 대변할 수 있는 단체나 사람들을 통해 들을 수 있다.◆130 이들이 열린 의사소통 과정에 참여할 때 현 세대와 미래 세대, 인간과 자연이 공존하는 좀 더 평화로운 미래를 기획하고 선택할 수 있을 것이다.

기후 정의와 다종 간 정의

기후 변화로 인해 발생할 수 있는 재난은 다양하다. 해수면 상승으로 인한 침수와 바다 생물 감소, 동식물 멸종, 가뭄이나 홍수, 폭염이나 대규모 산불, 대기 오염, 수질 오염, 토양 오염, 각종 질병 및 전염병 발생 등 그 피해가 광범위하며 인간에게까지 미친다. 이처럼 기후 위기로 인한 환경 변화가 우리 삶에 영향을 주지만 그 피해는 개인이나 국가에 공평하게 돌아가지 않는다. 지구 온난화의 주범인 이산화탄소는 산업화 이후 주로 선진국과 개발 도상국이 내뿜었는데 기후 변화로 인한 자연재해의 피해는 오히려 저개발국이나 빈곤국에 집중되고 있다. 한 나라 안에서도 부유층은 에너지와 자원의 소비를 늘려 쾌적한 삶을 누리며 이산화탄소를 배출하지만, 빈곤층은 폭염과 혹한에도 밖에서 종일 일해야 하고 폭우로 인한 재해에도 더 취약할 수밖에 없다.◆131 UN 사무총장을 역임한 안토니우 구테흐스Antonio Guterres는 "기후 변화가 지금 우리 모두에게 일어나고 있다. 어떤 나라도 어떤 집단도 피해 갈 수 없다. 그리고 늘 그래왔듯이, 가난하고 취약한 사람들이 가장 먼저 고통받고 최악의 피해를 본다."라고 말했다. 기후 정의Climate

Justice란 이러한 현실을 인정하고 기후 위기 때문에 생겨난 불평등과 양극화 문제를 공정하게 바로잡는 것을 말한다. 즉 '기후 정의'는 기후 변화의 원인과 영향이 초래하는 불평등하고 정의롭지 못한 점을 인식하고, 생태 평화를 위해 국제 사회가 공동의 노력을 기울이자는 취지에서 생긴 개념이다.◆132

한편 환경 파괴로 인한 기후 변화와 동물들에 대한 인간의 폭정은 대멸종 현상을 일으키면서 인간의 안보도 위협하고 있다. 이 때문에 인간이 아니라는 이유로 생물을 함부로 대하는 행동이 옳은가에 관한 문제 제기와 함께 멸종 저항 운동이 일어났고, '다종 간 정의'를 지향하는 운동도 점차 확대되고 있다. 다종 간 정의 Multispecies justice란 다른 종種에 대한 편견과 오만으로 그 존재를 업신여기고 공정치 못하게 대하거나 불필요한 고통을 야기하는 것에 반대하고 이러한 문제를 바로잡는 것이다.◆133 나아가 인간만이 지구의 거주자가 아니라 인간이 아닌 다양한 존재들 역시 지구의 거주자로서 생존할 권리가 있다는 사고이다. 실천 윤리학 분야의 거장인 피터 싱어Peter Singer는 『동물 해방』이라는 책에서 그동안 서구의 사상가들이 동물을 마음대로 이용할 수 있는 인간의 권리를 옹호하기 위해 펼쳤던 논리들을 반박했다. 또한, 어떤 종에 속한 개체가 다른 종에 속한 개체보다 더 우위에 있거나 열등하다고 판단하는 '종 차별주의 이데올로기'를 비판하며, 동물들의 고통과 아픔을 방지하는 것의 중요성이 우리 종의 성원이 아니라는 이유로 감소하지 않는다고 하였다.◆134 싱어가 종 차별을 비판하며 제시한 종 평등의 원칙은 모두를 똑같이 대우한다는 뜻이 아니라 다른 존재의 같은 이익을 똑같이 고려한다는 뜻이다. 피부색이나 아이큐, 장애 유무, 성 정체성에 상관없이 누군가 고통을 느낀다면 그것을 나의 고통처럼 여기며 타자의 안위를 챙기는 마음이 평등이고, 이 가치를 인간종에게만 적용해서는 안 된다는 것이다.◆135 동물도 고통을 피하고 행복을 좇는 것이 분명하기 때문이다. 이처럼 인권에서 동물권으로의 확장이 생태 위기를 겪고 있는 우리 세대에 필수적이라는 인식이 확산되면서 동물 해방과 채식주의 운동이 시작되었다. 또한, 생태 평화를 위해 세상 모든 살아 있는 생물의 존재 가치를 인정하고 그들의 생존을 보호하자는 생물 안보가 중요해졌다.

생태 평화를 위한 실천

지구는 심각한 위험에 처해 있다. 인간의 수는 살아 있는 생물 개체 수의 0.01%에 지나지 않지만 83%에 이르는 생명의 죽음에 직간접적으로 책임이 있다. 도시 면적은 매년 4억 제곱미터씩 늘어나고, 농지 개간을 위한 산림 벌채는 더욱 심각하다. 인간을 제외한 생명체들은 서식지를 잃고 소멸하고 있다. 이처럼 인간은 다른 생명체를 희생시키며 팽창해 왔고, 이제 지구는 이런 팽창을 견딜 수 있는 한계점이 이르렀다.◆136 기후 재앙을 피하려면 우리는 지금까지 누렸던 삶의 방식을 바꾸지 않으면 안 된다. 생태 평화를 위해 우리는 무엇을 할 수 있을까?

플라스틱 제품은 점차 줄여 나가야 하며 최종적으로는 사용하지 않는 것을 목표로 해야 한다. 매해 세계에서 발생하는 플라스틱 폐기물은 3억 5,000만 톤에 달한다. 플라스틱은 생산 과정에서도 탄소를 엄청나게 배출할 뿐만 아니라 썩는 데 500년이 걸리기 때문에 땅에 버리면 토양이 오염되고 태우면 독성 물질이 발생한다. 게다가 미세 플라스틱은 바다는 물론 사람의 건강까지 위협한다. EU는 2021년부터 재활용 불가능한 플라스틱에 대해 1kg당 0.8유로의 플라스틱세를 시행하고 있다. 프랑스는 패스트푸드 매장에서 일회용품 사용을 금지했고, 독일은 카페나 식당에서 의무적으로 다회용기를 갖추게 했으며, 영국은 재생 플라스틱 비중이 적은 포장재에 세금을 매긴다.◆137

요하네스 렐리펠트 교수가 주도한 국제 연구팀은 2019년 대기 오염으로 830만 명이 사망했다는 결과를 발표했다. 이 가운데 61%인 513만 명은 화석 연료에 의해 희생되었고, 아시아 지역의 사망자 비율이 가장 높았다.◆138 자동차로 인한 환경 피해는 너무 심각해서 자동차의 이용을 크게 줄여야 한다. 전기차는 당장 환경 오염을 줄일 수 있을지 몰라도 전기차에 사용할 전기를 생산하는 과정에서 여전히 온실가스 배출을 막을 수 없다. 지속가능한 교통 정책을 통해 대중교통을 보편화하고 자동차 의존에서 벗어나도록 해야 한다. 가까운 거리는 도보나 자전거로, 먼 거리는 환경 오염이 가장 적은 철도를 이용하는 것이 좋다. 항공 운송은 대기 오염을 가장 많이 발생시키는 운송 수단이므로 비행기를 타는 일은 언제나 신중히 선택해야 한다.

프랑스의 천체 물리학자이자 환경 시민운동가인 오렐리앙 바로Aurélien Barrau는 "우리 식단을 모두 채식으로 바꾸면 온실가스의 70%를 감소시킬 수 있으며 510만 명을 굶주림에서 구할 수 있다."라고 했다. 공장식 축산업은 환경 파괴를 가장 많이 일으키는 산업이고 운송 수단보다 더 많은 온실가스를 배출한다. 소고기 생산 과정에서 배출되는 탄소량은 콩 재배보다 단백질 1g당 20배 많다.◆139 고기를 즐기는 습관을 바꾸지 않는다면 지구 온난화로 농작물을 재배할 수 있는 경작지가 점점 줄어들고 곡물이 가축용 사료로 사용되어 식량 위기의 가장 큰 요인이 될 것이다. 육류 소비를 줄이면 심혈관 질환, 당뇨, 암 등의 발생률을 낮출 수 있고, 무엇보다 끔찍한 환경에서 사육되다가 도살장에 끌려가야 하는 가축들의 수가 줄어들 수 있다.◆140

2015년 유엔 기후 변화 회의에서 지구 평균 온도 상승 폭을 1.5℃ 이하로 제한하기 위해 함께 노력하기로 한 '파리 협정'을 채택했고, 200여 국가가 협정을 이행하는 중이다. 대한민국은 2030년까지 전망치 대비 24.4%의 온실가스 감축, 2050년까지 탄소 중립을 위해 온실가스 감축에 동참하고 있다.◆141 '탄소 중립'이란 배출되는 탄소량을 최대한 줄이고, 부득이하게 배출되는 탄소는 기술적으로 흡수하거나 녹지를 늘려서 제로로 만들겠다는 목표를 의미한다.◆142 이를 위해서는 스스로 재생되거나 고갈될 염려가 없는 천연자원으로부터 얻을 수 있는 재생 에너지로의 전환이 반드시 필요하다.

개인 차원에서도 자동차나 냉난방 기구, 육류 소비, 화학 물질, 쓰레기, 인터넷 쇼핑 등을 가급적 줄이고, 되도록 유기농 제품을 구입하거나 물과 에너지를 아껴 쓰고 분리수거를 실천하며, 전자 제품은 되도록 오래 사용하는 등 실천할 수 있는 일들이 많다. 하지만 개인적 실천은 한계가 있기에 생태 폭력 시스템을 근본적으로 바꾸는 국가의 역할이 무엇보다 중요하다. 자연과 생명을 해치는 행위에 대한 법적 금지 조치 시행, 환경 영향 평가에 따른 세금 부과, 화학 농법을 유기 농법으로 전환 유도, 대중교통망 확충, 공교육 과정에서 환경 교육 실시, 야생 동식물 보호 구역 확대 및 보호 조치 시행, 자연 녹지 세제 혜택, 바다를 파괴하는 행위 규제, 대체 에너지 개발 등 정치 차원에서 해야 할 일이 많다. 시민들은 국가가 역할을 다할 수 있도록 정책을 제안하고 생태 평화를 외면하는 대표는 처음부터 선출하지 말아야 한다.◆143

생태 평화를 위해 가장 시급한 일은 생명을 수단으로 보는 사고를 멈추고 어떻게 공존할 것인지를 모색하는 일이다. 인간과 자연이 공존하기 위해서는 일상생활 방식과 사회 구조, 사고방식까지 모두 바꾸는 생태 전환이 필요하다.

ㅇ

안보

안보의 개념

인간 안보의 일곱 가지 요소

국가 안보와 인간 안보의 관계

안보와 평화의 관계

독일 통일 과정에서 안보와 평화

용서

용서의 의미

원한과 용서

용서가 아닌 것

용서가 필요한 이유

용서의 다섯 단계

인권

인권의 의미와 개념

인권 개념의 발전과 변화

세계 인권 선언 내용

인권의 기본적인 생각과 방향

인권과 평화권

안보 편안할 안安, 보전할 보保

안보의 개념

'안보'의 한자어는 편안할 안安, 보전할 보保로 편안히 보전한다는 뜻이다. 전통적으로 안보라는 개념은 국가의 안전 보장을 지칭하는 '국가 안보'를 의미했고, 이는 국가 영토를 방어하고 국내외의 군사 위협을 효과적으로 억제하는 국가 단위의 안보로 인식되었다. 영토 방어는 국가의 생존과 관련이 있었기에 군사, 정치와 같이 국가 안보에 직접적인 영향을 주는 분야를 우선시하는 태도와 제도가 사회 깊숙이 박혔다.◆144 즉 안보는 역사적으로 오랜 시간 동안 국경선에 대한 위협과 동일시되었고, 국가들은 그들의 안보를 위해 무기를 개발해 왔다.

그러나 냉전이 끝나고 본격적으로 세계화가 진행되던 1980년대부터 학계와 정책 결정자들 사이에 안보 개념을 더 확장해야 한다는 주장이 등장하기 시작했다. 냉전 종식 후 발생하는 분쟁이 주로 내전 형태를 띠고 있으며, 국가 주권과 영토의 방어가 안보를 위해 필수적이긴 하지만 충분하지 않다는 인식이 생겨난 것이다. 전쟁 방지 및 억제 등을 통해 소극적 평화 유지에 성공한다 해도, 국가의 안전이 국민 일상의 안전을 보장하지는 않기 때문이다. 질병, 빈곤, 환경 오염, 학교 폭력, 가정 폭력, 길거리 범죄, 정치적 억압, 내전 등은 외부로부터의 군사 위협보다는 일상생활에서 비롯된다. 즉 전통적인 '군사 안보' 개념에 의하면 안전하다고 볼 수 있는 국민도 정작 현실에서는 안전하지 않을 수 있는 것이다. 국가의 방어 및 생존에 지나치게 초점을 맞추고 집중하는 나머지 정작 국민 개개인이 비군사적 위험에 얼마나 노출되어 있는지를 간과할 수 있다. 따라서 전쟁과 분쟁의 부재라는 소극적 평화만이 아니라 적극적 평화를 함께 달성하려고 노력해야 하며 안보의 영역이 경제, 사회, 환경 등 비군사 영역으로까지 더 넓어져야 한다는 인식에 따라 '인간 안보'라는 개념이 등장했다.◆145

유엔 보고서에 의하면 '인간 안보'란 기아, 질병, 억압 등의 만성적인 위협으로부터의 안전, 그리고 일상적인 삶을 갑작스럽게 혹은 고통스럽게 방해하는 것들로부터 보호하는 인간 단위의 안보를 뜻한다. 즉 인간 안보는 군사적인 위협뿐만 아니라 사회적 결핍, 인권 유린, 결핍, 전염병 등으로 인한 개인의 결핍으로부터의 해방과 공포로부터의 해방을 성취한다는 의미를 담고 있다. 특히 환경 문제와 질병 확산, 마약 확산, 국제 평화, 개발, 테러 등은 한 국가만 관리한다고 되는 것이 아니라 국제적 협력과 집단 관리가 필요한 일이기에 ◆146 인간 안보는 국경을 넘어서서 전 지구적으로 제기되는 가치이며 국제 사회가 함께 논의해야 할 과제이기도 하다.◆147

인간 안보라는 새로운 안보 개념은 국가 중심의 위로부터의 접근에서 인간 중심의 아래로부터의 접근을 제시했고 안보의 개념을 군사 분야에서 비군사 분야로까지 넓혔다. 또한, 국가가 인간의 필요에 대처함과 동시에 개개인이 자신의 필요에 스스로 대처할 수 있는 능력도 키울 것을 요구한다. 그러나 인간 안보 성취에 있어서 국가가 어디까지 개입해야 하는지에 대한 쟁점이 존재하고, 너무 범위가 넓고 모호할 수 있다는 비판을 받기도 했다.

인간 안보의 일곱 가지 요소

인간 안보의 개념이 세계적으로 알려지게 된 것은 1994년 유엔개발계획UNDP이 발표한 「인간 개발 보고서」를 통해서이다. 여기에는 인간 안보의 정의와 함께 인간 안보를 구성하는 요소로 경제 안보, 식량 안보, 보건 안보, 환경 안보, 개인 안보, 공동체 안보, 정치 안보 이렇게 일곱 가지를 언급한다.◆148

첫째, 경제 안보란 빈곤으로부터 해방될 수 있도록 개인에게 최소한의 기본 소득이 보전되어야 함을 뜻한다. 개발 도상국에서는 빈곤 문제가 심각하고 선진국에서는 취업난이나 실업, 비정규직 문제로 인해 경제 안보가 위협받고 있다.

둘째, 식량 안보란 모든 사람이 필요할 때 언제나 기본적인 식량을 물리적으로나 경제적으로 확보할 수 있어야 함을 뜻한다. 식량의 분배가 잘 이루어지지 않거나 식량 가격의 급등, 구매력 부족으로 생존을 위해 필요한 식량을 확보하지 못하는 상황이 발생할 수 있다.

셋째, 보건 안보란 질병이나 건강하지 못한 생활에 대해 최소한의 보호를 보장하는 것을 뜻한다. 일반적으로 가난한 사람이 부유한 사람보다 보건 안보에 대한 위협이 매우 크고, 선진국과 개발 도상국 사이에 의료 환경이나 건강 보험의 격차가 심각한 상태이다.

넷째, 환경 안보란 환경 오염이나 고갈의 위험으로부터 보호받아야 함을 뜻한다. 개발 도상국에서는 깨끗한 식수를 확보하는 것에 대한 어려움이 있고, 선진국에서는 대기 오염이나 지구 온난화가 심각한 문제로 제기되고 있다. 특히 환경 파괴와 자연재해, 자원 고갈은 앞으로도 인간의 생존을 위협할 수 있다.

다섯째, 개인 안보란 모든 사람이 물리적 폭력으로부터 보호받아야 함을 뜻한다. 물리적 폭력에는 고문이나 학살과 같이 국가로부터 발생하는 폭력이 있고, 전쟁과 같이 외국으로부터 발생하는 폭력이 있을 수 있다. 이뿐만 아니라 범죄자의 공격, 아동 학대, 학교 폭력, 가정 폭력, 마약 사용, 자살, 교통사고의 위험 등으로부터 안전할 수 있어야 한다.

여섯째, 공동체 안보란 인종이나 집단의 생존을 보장하고 이들이 물리적으로 안전해야 함을 뜻한다. 여전히 인종, 종교 및 기타 정체성 기반의 범죄와 테러가 발생하고 있으므로 이에 대한 보호가 필요하다.

일곱째, 정치 안보란 시민들이 정치적 권리를 향유하고 정치적 억압으로부터 자유로워야 함을 뜻한다. 정의와 법치가 무너지고 정치적 탄압이 있는 상황에서 많은 인권 침해가 발생할 수 있으므로 이로부터 보호받을 수 있는 법·제도적 장치가 필요하다.

시대의 변화에 따라 이 일곱 가지 외에 '사이버 안보' 또한 등장했는데, 이것은 사이버 공간 안에서의 표현의 자유와 개인 정보 보호, 저작권 보호, 불법 유해 정보 차단 등의 안보적 프레임 안에서 논의된다.◆149 이처럼 인간 안보의 분야는 다양한 분야를 포괄하고 있고 상호 연관되어 있으며 모든 분야가 중요하다. 인간 안보는 인간 중심적이고 종합적이며 예방 지향적인 대책을 촉구한다.

국가 안보와 인간 안보의 관계

우리는 국가 안보의 위협과 인간 안보의 위협을 모두 받고 있다.

특히 남북한은 정전 체제와 분단체제 속에서 국가 안보가 지속해서 위협받고 있다. 전쟁이 끝나지 않은 한반도에서 남북한은 막대한 국방비를 지출하고 있으며 분단이라는 비정상적이고 폭력적인 구조 속에 놓여 있다. 이에 따라 필연적으로 구성원들은 더 불안정한 생활을 지속할 수밖에 없으며, 그 불안정성이 증대될수록 더 큰 결핍과 공포를 가져오는 요인이 된다.◆150 세계적으로도 불안정한 사회·경제 상황, 전염병, 환경 오염 등 비군사적 요인이 개인을 위협하고 있다.

냉전 시기 동안 국가는 국가 안보를 우선시하며 주권을 지키고 영토를 방어하기 위해 정치·군사에만 주목하느라 오히려 인간 안보를 위협하거나 희생하면서 국가 안보를 성취하곤 했다.◆151 이로 인해 시민 사회의 저항을 받기도 했는데 '매향리 사건'이 그 사례 중 하나이다. 경기도 화성시 우정면 '매향리'는 매화 향기가 가득하고 갯벌이 아름다운 바닷가 마을이다. 그런데 이 마을이 1951년 8월 한미 행정 협정에 따라 공군 폭격 훈련장으로 사용되면서 반세기 동안 참혹한 포탄이 난무하는 마을이 되고 말았다. 불발탄을 가지고 놀던 네 명의 아이들이 사망하고, 12세 소녀가 포탄 파편에 다리 불구가 되기도 했으며, 임신 8개월의 임산부가 오폭으로 사망하는 등 12명이 사망하고 15명이 다치는 일이 발생했다. 사격장이 조성되던 당시, 주민들은 500만 평 연안의 어장과 50만 평의 땅을 헐값에 징발당해야 했다. 이외에도 폭격 훈련으로 인한 소음 때문에 주민 다수가 난청을 앓고 성격이 포악해지는 등 육체적·정신적 고통을 감내해 왔다. 그러다가 1988년 12월 창고(현재 평화역사관)에서 열린 마을 주민들의 첫 집회를 시작으로 지속적인 시위와 끈질긴 투쟁 끝에 2004년 국가를 상대로 한 손해 배상 청구 소송에서 승소했다. 2005년 8월 12일 매향리 사격장이 54년 만에 완전히 폐쇄되었고,◆152 사격장 부지에는 평화 생태 공원과 화성 드림파크가 조성되었다.

이처럼 국가 안보와 인간 안보라는 두 가치가 대립할 때도 있지만, 인간 안보는 국가 안보를 방해하는 요인이 아니라 '상호 보완 관계'라는 점을 인식할 필요가 있다. 2012년 9월에 발표된 「유엔총회 결의안 보고서」는 "인간 안보가 국가 안보를 대체하는 것이 아니며, 인간 안보를 위해 지역 현실에 맞는 국가적 해결 방안을 강화해야 하고, 시민의 생존, 생계, 자존감을 보장하는 주된 역할과 책임은 정부에게 있으며, 인간 안보는 국가의 주권 및 영토를 존중하면서 시행되어야 한다."라고 하였다. 이것은 시민들의 인간 안보를 보장해야 하는 일차적 책임이 국가에 있다는 것을 강조함과 동시에 인간 안보를 성취함에 있어서 국가의 주권을 존중해야 한다는 의미를 담고 있다.◆153 인간 안보는 결국 인권이 기본적으로 보장되어야 진정한 평화가 가능하다는 생각에서 출발하므로 경제 발전과 복지, 평화와 안보, 환경 보존, 사회 정의, 민주화, 법치, 군축 등에 주목한다. 결국 국가는 위협에 대한 대처 능력을 강화해 인간 안보의 제공자가 되어야 하고, 주변국과 협력하여 인간 안보에 대한 과제를 해결해야 한다.

안보와 평화의 관계

'안보 논리와 약육강식의 원리가 지배하는 사회에서 어떻게 평화를 실현할 수 있을까? 강력한 무력을 앞세워 위협하는 대상과 어떻게 화해하고 평화를 만들 수 있을까?' 이 주제는 평화학자들의 오랜 고민이었다. 이에 대한 고민 끝에 평화학자들이 내린 결론은

'평화 실현을 위해 세 차원의 노력이 필요'하다는 것이다. 그 세 가지가 바로 '평화 지키기Peace-keeping', '평화 만들기Peace-making', 평화 세우기Peace-building'이다.◆154

평화의 3축 모델

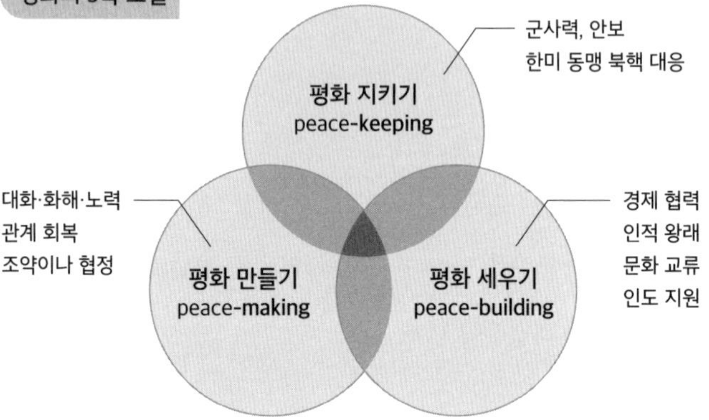

(출처 김병로: 한반도 發 평화학 [서울: 박영사, 2021], p.87)

평화 지키기Peace-keeping는 힘으로 평화를 유지하고 공동체를 보호하며 지키는 것이다. "평화를 원하거든 전쟁을 대비하라."라는 말로도 잘 알려져 있듯이, 힘이 있어야 자신을 지킬 수 있고 평화를 얻을 수 있다는 말이다. 군사력을 강화하고 안보를 튼튼히 하는 것, 우리나라에서 한미 동맹을 강조하고 북핵에 대응하려는 노력을 기울이는 것 등이 이에 해당한다. 유엔에서도 분쟁 지역에 평화 유지군peace-keeping forces을 파견하여 군사적 개입을 통해 싸움을 중단시키는 일을 한다.◆155 그러나 팔레스타인과 대치 중인 이스라엘처럼 세계 여러 분쟁 지역에서 보듯이 지키는 평화만으로는 한계가 있다. 자국의 안보를 강화하면 그것은 상대국의 안보를 약화하고, 상대국은 안보 불안을 느껴 안보를 더 강화하고, 그로 인해 결국 또다시 자국의 안보가 약해지는 것을 '안보 딜레마'라고 부른다.◆156 한쪽에서는 자국의 안보를 위한 불가피한 방어라고 주장하지만, 상대국에는 이것이 위협으로 인식되어 대응과 맞대응을 되풀이하게 되고, 군비 경쟁으로 이어져 전체적으로 안보가 약화하는 것이다.◆157 따라서 힘으로 유지하고 지키려고만 하면 그 안의 사람은 더 피폐해지며 끝없는 불안과 두려움을 해소할 길이 없다.

그래서 평화 만들기Peace-making가 필요하다. 평화 만들기는 목표가 다를지라도 상대와의 관계 회복을 위해 대화하고 화해하는 노력을 기울이는 과정이다. 싸움을 중단한 당사자 간에 조약이나 협정을 맺어 싸우지 않기로 약속하는 것도 여기에 해당한다. 적대 관계에 있는 집단들 사이에 관계를 회복하고, 보다 친밀한 관계 안으로 들어가야 진정한 평화가 가능하기 때문이다. 특히 내전이나 전쟁을 치른 국가의 평화는 평화 협정을 통해 관계 정상화를 거쳐 합의한 바를 이행하고 신뢰를 쌓을 때 확립되어 갈 수 있다. 그러나 외교적 노력으로 체결된 평화 협정이 반드시 평화를 담보하는 것은 아니다. 이행 과정에서 분쟁이 발생할 수도, 평화 협정에 반대하는 정치 세력의 당선으로 약속이 지켜지지 않을 수도 있다.

이런 점에서 평화 세우기Peace-building를 통해 평화를 굳건히 세워 가려는 노력이 중요하다. 평화 세우기는 '평화 구축'이라고 부르는데, 사회에 존재하는 갈등과 폭력을 지속가능하고 장기적인 평화로 변화시키기 위해 사회·경제적 재건과 발전을 추진하는 활동이다. 인적 왕래, 문화 교류, 경제 협력, 인도 지원 등이 이에 해당한다. 적대 관계에 있는 집단 구성원들이 삶의 여러 영역에서 서로 만나고 교류하고 협력하며 실질적인 도움과 이익을 주고받으며 관계를 돈독하게 할 때 평화도 굳건히 세워질 수 있다.◆158

독일 통일 과정에서 안보와 평화 ◆159

동서독으로 분단되어 있었던 독일도 1945년~1960년대 말까지의 냉전기 동안에는 체제 간 대립과 군비 경쟁만 있을 뿐 협력은 미미한 수준이었다. 서독 국민은 분단의 일차적 책임 대상이라고 여겼던 소련에 대해 강한 위협감을 느꼈고 반공주의적 태도를 보이고 있었다. 이 시기에 서독 국민은 동서독 관계 속에서 통일보다는 대외적인 안전 보장과 경제적인 번영을 선택하게 된다. 이에 따라 냉전기의 서독은 경제적으로 강대국으로 진입하고 있었지만, 외교적으로는 미국에 의존적인 절름발이 신세였다. 당연히 동서독 간의 정책 또한 강대국 중심의 종속적인 관계 속에서 이루어졌다. 그러나 1962년에 발생한 쿠바 사태(소련의 중거리 핵미사일을 쿠바에 배치하려는 시도로 미국과 소련이 대치하여 핵전쟁 직전까지 갔던 국제적 위기)를 계기로 동서독은 냉전 체제가 계속된다면 자신들의 안보가 위험하다는 통찰을 하게 된다. 즉 강대국 중심의 안보 패러다임이 얼마나 비합리적인가를 깨닫게 된 것이다. 이를 계기로 1960년대 말~70년대 말까지 '데탕트(긴장 완화) 시기'가 오게 된다.

데탕트는 전쟁을 막아야만 한다는 절박한 인식에서 출발하여, 화합할 수 없었던 체제 차이를 더 이상 부정하지 말고 있는 그대로 인정해야 한다는 결론이 가져온 결과였다. 미국의 케네디 대통령은 안보 패러다임을 '봉쇄'와 '해방' 대신에 '긴장 완화'와 '평화 정책'으로 전환하게 되고, 그 영향으로 데탕트에 대한 서독식 해법인 에곤 바의 동방정책과 빌리 브란트의 신동방정책이 발표된다. 동방정책의 핵심은 '접근을 통한 변화'로, 상대방의 생존에 대한 욕구와 불안을 감소시켜 줌으로써 점차 스스로가 문을 열 수 있도록 만든다는 것이다. 빌리 브란트는 접근을 통한 변화를 기초로 포용의 원칙을 내세워, 체제가 다르다는 이유로 동독을 국제 사회에서 배제하는 외교 노선 대신 오히려 다름을 인정하고 존중하는 정책을 펼치는데 이것이 신동방정책의 핵심 사상이다. 특히 빌리 브란트는 가까운 장래에 통일 달성이 어렵다는 것을 인정하고 '1민족 2국가의 공존이 가능하다.'라는 전향적인 대동독 정책을 추진했다. 즉, 브란트의 신동방정책은 서독의 통일 및 안보 문제 접근 방식에 있어 창의적이고 혁신적인 변화를 일으켰다.

1975년 7월 30일부터 3일간 유럽의 안보와 평화에 있어서 중요한 회의가 열렸는데, 바로 핀란드 헬싱키에서 열린 유럽안보협력회의CSCE이다. 여기서 '헬싱키 협약'이 체결된다. 이때 미국과 서유럽의 나토 동맹, 소련과 동유럽의 바르샤바 동맹에 속한 35개국이 그동안의 적대 관계를 극복하고 공존을 위한 원칙에 합의했다. 헬싱키 협약의 핵심은 세 가지로 요약되는데 ① 상호 주권과 현 국경선의 존중, 불가침 조치, ② 경제·과학·기술·환경 분야의 교류와 협력, ③ 인권 및 기타 분야의 협력이다. 이후 헬싱키 협약의 합의 사항을 실천해 나가는 '헬싱키 프로세스'를 통해 동·서유럽의 국경이 안정되고, 유럽의 냉전 대결 구조가 약화할 수 있었다. 빌리 브란트는 유럽안보협력회의CSCE를 통해 동독 및 동구권과의 관계를 지속하며 신뢰를 형성했는데, 이것은 결국 베를린 장벽 붕괴 상황에서 미국과 서유럽 및 소련을 설득하는 데 중요한 역할을 하게 된다. 이후 1989년에 유럽안보협력회의CSCE가 유럽안보협력기구OSCE라는 이름의 공식 국제기구로 출범하게 되면서 동유럽과 소련의 냉전 완화 및 해체에 크게 기여했다.◆160

같이 읽어 보면 좋은 개념 **전쟁** 205 ı **생태** 119

용서 얼굴 용容, 용서할 서恕

용서의 의미

용서의 의미를 파악하는 일은 민감하고도 어렵다. 용서의 의미를 잘못 이해하면 오히려 용서가 아닌 것을 용서로 착각하거나 용서를 무조건적 의무로 받아들이는 우를 범할 수 있다. 사전적 의미로 용서容恕는 '지은 죄나 잘못한 일에 대하여 꾸짖거나 벌하지 아니하고 덮어 줌'을 의미한다. 그런데 용서의 의미보다 명확히 하기 위해 신약 성서에 언급된 '용서'와 심리 치료에서의 '용서'의 의미도 살펴볼 필요가 있다.

먼저 신약 성서에서 '용서'로 번역된 그리스어 두 개는 '아페시스'와 '아피에미'다. 명사형인 아페시스aphesis는 '의무나 죄의식 또는 처벌로부터 풀어 줌'이라는 뜻인데, 이때 핵심은 악행의 결과를 처리하는 방식보다는 치유와 해방과 관련된 보다 넓은 차원의 방식에 있다. 동사형인 아피에미aphiemi는 '풀어 주다', '취소하다', '면제하다'와 같은 다양한 뜻을 갖는다. 빚의 무효화를 지칭할 때도 쓰이고 '사면하다'와 '용서하다'라는 두 가지 의미를 포괄한다. 이때 영어로 pardon(사면하다)의 'don'과 forgive(용서하다)의 'give'는 모두 '주다'라는 뜻을 담고 있다. 용서가 부지불식간에 주어지는 선물이라는 의미가 숨겨져 있는 것이다. 그러나 '신의 용서'와 '인간의 용서'는 또 다른 차원의 문제다.◆161 '용서'를 어떤 부당한 피해를 보더라도 당연히 보여 주어야 할 독실한 그리스도인이나 선한 인간의 덕목으로 여기는 것은 옳지 않다. '당장 누구든 용서하라'는 뜻으로 용서의 의미를 지나치게 단순화하는 우를 범해서는 안 된다는 말이다. 만약 용서를 문자 그대로만 해석하면 뉘우치지 않는 살인범에게도, 계속 범죄를 저지르는 흉악범에게도 용서를 베풀어야 한다는 의무감이나 강박 관념으로 이어질 수 있다. 하지만 이는 있어서는 안 되는 일이다. 가해 행위가 계속되는 상황에서 최우선으로 할 일은 그 행위를 중단시키는 것이다. 용서는 결코 간단히 행해질 수 있는 일이 아니며, 성급하고 선부른 용서는 오히려 해가 될 수 있다. 이 때문에 신학자이자 심리학자인 '스티븐 체리Stephen Cherry'는 "'용서할 의무'를 즉각적이고 완전히 용서해야 할 필요성으로 해석하는 것이 아니라 용서하는 마음을 함양할 정신적 의무, 공동체에 용서의 기풍을 확립할 의무로 해석할 때 '인간의 용서'에 대해 훨씬 더 현실적인 시각과 태도를 갖게 된다."고 했다.◆162

심리 치료에서는 용서의 의미를 말할 때, 정의justice와 자비mercy라는 두 가지 면에서 접근한다. '누군가를 용서할 때 정의는 자비에 선행한다'는 것이다. 즉, 용서란 '옳고 그름에 대해 분명히 이해하고 그 사람이 잘못 행동했다고 결론을 내렸지만, 자비를 베푸는 것(연민, 조건 없는 존중, 관용 그리고 도덕적 사랑으로 응답하기 위해 노력하는 것)'을 의미한다.◆163 신체적인 상처가 치유되기까지 시간이 필요한 것처럼 정서적인 상처도 마찬가지다. 용서는 전 과정이 진행형이다.

원한과 용서

정의의 가치를 주장하는 정당한 감정이 굳세고 끈질긴 속성으로 머무르게 되면 이를 '원한'이라 부른다. 원한에는 좋은 원한과 나쁜 원한이 있다.◆164

불의나 침해, 위협과 억압이 지속적인 상황에서 요구되는 감정은 '좋은 원한'이다. 그런 원한을 악의나 용서치 않은 마음으로 치부할 수는 없다. 수많은 폭력은 힘의 불균형을 확인하고 이용하고 강화하려는 시도로 인해 생겨난다. 이를 위해 언어적으로, 물리적으로 상대를 굴복시키려는 온갖 방법들이 사용된다. 이 경우 사람들이 용서에 등을 돌리는 이유는 자신을 이용하고 억압하는 사람들에게 오히려 더 많은 힘을 실어 줄 수 있다고 생각하기 때문이다. 만약 누군가 내 귀중품을 훔쳤거나 일부러 망가뜨린 경우, 지인이 사실과 다른 나쁜 소문을 퍼뜨리는 경우, 화가 났다고 폭력을 행사한 경우와 같이 명백히 위험한 상황인데도 너무 쉽게 용서한다면 어떤 일이 생길까? 아마도 상대가 또다시 같은 일을 저지르거나, 우리나 다른 누군가는 더 심한 상처를 입게 될지 모른다. 가해자는 잘못해도 너무 쉽게 용서받고 넘어갔기 때문에 점점 더 나쁜 버릇을 들이고, 더 큰 문제를 일으킬 가능성이 있다. 맞서지 않으면 괴롭힘이 멈추지 않는 상황에서 섣부른 용서는 우리 자신과 다른 사람들을 안전하게 보호할 수 없게 된다. 그래서 용서하는 마음이 쉽게 들지 않는 것이다. 만약 가해자가 반복된 나쁜 행위로 우리를 억압하고 지배하려 든다면, 그때는 원한이 그에 응답하는 반응이다. 의도적인 폭력이 지속하는 상태에서 최선 아닌 차선의 대안으로 원한을 품을 수밖에 없다. 이런 측면에서 때에 따라 원한은 성급한 용서보다는 더 나은 선택이고 정당화될 수 있다. 만약 늘 부당한 대접을 받거나 억압이나 착취가 지속하는 상황에서 정당한 원한까지도 못마땅하게 여긴다면 그것이야말로 비열한 마음이다. 이 때문에 스티븐 체리Stephen Cherry는 "지속적인 가해 행위에 대해 복수를 위한 비통과 증오를 키우기보다는 좋은 원한을 필요한 기간만큼 품고 무언가 창조적인 행위를 하는 것도 용서하는 마음의 일부다. 용서하는 사람은 원한이라는 감정이 전혀 없는 사람이 아니라, 잠정적으로 품고 있지만 그 원한이 제 할 일을 다 하고 나면 가만히 떠나보낼 줄 아는 사람"이라고 했다.◆165

하지만 원한에는 위험성이 있기에 '나쁜 원한'에 빠지지 않도록 해야 한다. 원한이라는 감정에 익숙해져 원한이 성격으로 굳어져 인성에 독으로 작용하는 경우, 상황이 변한 뒤에도 맺힌 응어리를 풀지 못하고 원한은 계속 남게 된다. 이렇게 원한이 성격으로 굳어지게 되면 남은 삶 자체가 불행 속에 소진될 수 있다. 원한은 생존기제로 생기기 때문에 위험이 사라진다면 구명조끼를 벗듯 원한을 벗어 버려야 한다.◆166 만약 자신이 나쁜 원한 속에 갇혀 누그러뜨릴 수 없는 분노로 인해 성장하고 있지 않다고 느껴진다면, 두렵더라도 용서라는 모험을 시작해야 한다.

용서가 아닌 것

철학자들은 용서의 개념이 피상적으로 남지 않도록 많은 학문적 노력을 기울였다. 특히 20세기 후반의 30년 동안에 용서의 의미보다 명확히 하기 위한 깊은 탐구가 이뤄졌는데, 이를 통해 용서가 아닌 개념을 구분하는 데 많은 도움을 주었다.◆167

철학자들이 합의한 바에 의하면 '사면과 법적 자비, 관용'은 용서가 아니다. 용서가 사적 영역에서 나타나는 것이라면 사면은 공적 영역에서 판사의 결정에 따라 나타난다. 용서는 관용의 마음으로 법적 자비를 베풀어 처벌을 줄이는 행위가 아니라, 상처 입은 개인에 의한 선택적 자비인 것이다. 사면과 용서가 반드시 동시에 이뤄질 필요는 없다. 용서의 정의가 법적인 처벌을 중지하거나 가해자에게 공정함을 위한 요구를 중단하는 것은 아니다.◆168

'묵과와 망각'도 용서가 아니다. 묵과는 잘못을 알고도 모르는 체하고 넘기거나 주변의 압박 때문에 참는 것이다. 예를 들어서 내가 불공정한 대우를 받았는데도 조용히 참는 것이 용서는 아니다. 망각은 과거 일을 뒤로 제쳐 두고 잊는 것이다. 상처가 클수록 외상 사건을 잊어버리고 싶은 마음이 들 수 있다. 하지만 용서는 무슨 일이 있었는지 기억하는 것을 중단하는 것이 아니라, 과거의 고통스러운 사건을 새로운 방법으로 기억하게 하는 것이다.◆169

'정당화'도 용서라 할 수 없다. 용서할 때 정의는 자비에 선행한다는 것을 잊어서는 안 된다. 옳고 그름을 분명히 이해한 상태에서 상대가 잘못되었다고 결론을 내렸지만 자비를 베푸는 것이 용서이다. 만약 상대의 행동이 정당화될 수 있다면 용서는 부적합하고 불필요한 일이 되어 버린다.◆170

'화해'와 용서는 같은 것이 아니다. 용서는 개인적인 선택이기 때문에 무조건적일 수 있다. 그러나 화해는 항상 가해자와 피해자 두 사람을 포함한다. 용서는 내면에서 이루어지는 과정이지만, 화해는 둘 이상의 사람들이 외부적이고 행위적으로 현재 존재하는 어려움을 풀어내는 과정이다. 만약 가해자의 화해하려는 의지를 용서의 조건으로 내세운다면, 피해자는 가해자가 보상하거나 변화되기로 결정할 때까지 용서할 수 없게 된다. 이것은 오히려 가해자에게 힘을 주고, 용서할 수 없는 덫에 걸리게 한다. 진실한 화해를 위해 용서는 필수 조건이지만, 가해자의 화해하려는 의지는 용서의 필수 조건이 아니다. 오히려 용서는 잘못한 사람이 무엇을 했는지와 상관없이 그 사람에 대한 분노를 버리고 친근한 태도를 취하는 개인적 선택이다.◆171

'균형 맞추기'도 용서로 볼 수 없다. 균형 맞추기라는 뜻은 피해자가 좋은 미래를 갖기 위해 어떻게든 빼앗긴 것을 돌려놓거나 어떠한 방법으로 상대를 벌해야 한다는 것을 의미한다. 상대가 자신의 요구 조건을 충족하기 전까지 용서할 수 없다고 한다면 그것은 자비가 아니다. 겉으로는 용서로 위장하고 있지만 이면에서는 균

형 맞추기의 이름으로 복수하려는 마음일 가능성이 높다.◆172

분노가 해결되지 않은 상태일수록 용서를 바라보는 시각은 더욱 왜곡될 수 있다. 용서가 아닌 것을 알아야 진정한 용서를 시작할 수 있다.

용서가 필요한 이유

용서는 결코 간단히 이뤄질 수 없다. 어쩌면 용서 자체가 아예 불가능하거나 상상할 수 없는 일이라고 여겨질지 모른다. 그럼에도 용서는 우리 삶에 너무나 중요한 문제다. '살아가기 위해 용서하라.'는 말이 있다. 용서란 현재의 평온을 회복하고 희망적인 미래와 삶의 목적을 되살리기 위해 고통스러운 일의 기억과 분노, 상처에 새로운 틀을 씌우는 작업이기 때문이다.◆173 용서는 이미 일어나 버린 나쁜 일이 나의 과거를 망쳤을지라도, 오늘과 미래는 결코 파괴하지 못하도록 하기 위한 선택이다. 그래서 용서는 어렵고 힘들지만 필요하다.

상처받았을 때 우리는 자연스럽게 앙갚음을 원한다. 누군가가 나에게서 뭔가를 앗아 갔다면 되찾아 오고, 부당한 행동을 했다면 잘못을 인정하고 사과하도록 하여 공정함을 유지하려는 노력이다. 이 마음은 좋은 것이다. 우리에게 부당함에 맞설 결단력과 힘을 주고, 그 노력이 결실을 보게 되면 만족감을 얻게 해 주기 때문이다. 하지만 우리가 그런 공정함을 원해도 상황이 공정하게 되지 않거나 상대가 사과하려 들지 않을 때는 어떻게 할 것인가? 그렇다면 우리는 더 큰 상처와 분노를 짊어지고 공평하지 않은 세상 속에서 움츠러들며 압도적인 무기력감에 빠지게 될 수도 있다. 사실 용서는 공정함을 회복시키지 못한다. 하지만 용서는 당신의 아픈 과거가 미래를 망치지 않도록 지켜 줄 수 있다.◆174

프레드 러스킨Fred Luskin은 '탓 돌리기 게임의 함정'에 대해 다음과 같이 말했다. "우리 마음을 상하게 한 사람을 생각할 때마다 기분 나빠하다 보면 그것이 어느새 습관이 되어 버리고, 급기야는 우리 자신보다 더 강력한 다른 사람의 희생물이 된 듯 느끼게 된다. 스스로 매우 기분 나쁜 상태에 있음을 마음과 몸으로 끊임없이 기억하면서 무력감이 생긴다. 우리 몸의 이와 같은 정상적인 보호 반응을 우리를 공격한 사람의 탓으로 돌린다면, 그것은 우리의 큰 실수다. 이 실수로 인해, 문제를 해결할 수 있는 열쇠가 우리 손에서 빠져나와 다른 사람 손으로 들어가 버린다."◆175 다시 말해 과거는 한 조각도 변화시킬 수 없고 마음은 이미 다쳤지만, 그로 인해 덜 괴로워하겠다는 결심은 내 손에 달려 있다는 말이다. 상처가 인생의 한 부분임을 인정하고, 자기 느낌에 대해 스스로 책임지려고 마음먹으며 그 해결에 힘을 기울이는 것이 용서의 과정인 것이다. 용서는 고통스러웠던 과거의 이야기를 하면서도 자신을 피해자가 아닌 씩씩한 주인공으로 그려 낼 수 있도록 한다.◆176

심리 치료학자 버너딘 비숍Bernadine Bishop은 용서에 대해 이렇게 말했다. "진정한 용서는 치열한 몸부림, 요동치는 감정의 기복, 이루 다 헤아리지 못할 깊은 번민과 고뇌와 갈등의 결과다. 하지만 자아의 안팎에서 선악과 끈질기게 겨루고 난 후의 용서는 모든 것을 바꾸어 놓는다."◆177 그렇다고 용서가 학대 행위를 참아야 한다는 뜻은 아니다. 용서는 수동적인 피해자가 되는 대신 우리 자신과 그 사람까지 사랑할 수 있는 건강한 방법을 찾는 것이다. 또한, 폭력의 악순환에 참여하는 대신 비폭력적으로 개입하며 저항하는 것이다.

용서의 다섯 단계

용서의 과정에서 거쳐 가는 단계에 대한 다양한 연구가 이뤄져 왔다. 그 과정을 명확히 정의한다는 것은 어렵지만 이 흐름을 이해하면 용서의 여정에 도움이 될 수도 있다.

엘리자베스 퀴블러 로스 박사는 죽음을 앞둔 환자들이 일반적으로 애도의 다섯 단계를 거친다는 것을 발견했다. 부정(내가 죽는다는 것을 절대 받아들일 수 없어), 화(내가 죽게 된 것은 그들 때문이야), 거래(죽을 준비가 되기 전에 충족되어야 할 조건 제시), 우울(내 잘못으로 죽게 되었다), 수용(고통에서 나를 자유롭게 해 줄 죽음을 받아들이고 기다린다)이라는 다섯 단계다. 그런데 데니스, 쉴라, 마태오는 이 다섯 단계가 용서에 도달하는 데도 적용될 수 있다고 주장하여 세계적으로 많은 지지를 받았다. '상처는 곧 작은 죽음'과 같기에 용서의 다섯 단계도 부정(내가 상처받았을 리 없어), 화(내 상처는 그들 때문이야), 거래(용서할 준비가 되기 전에 충족 조건을 제시), 우울(내가 잘못해서 상처를 입었다), 수용(이 상처를 통해서 성장할 수 있기를 바란다)이라는 과정을 자동으로 경험하게 된다는 것이다.◆178

'부정'의 단계에 있을 때 우리는 자기도 모르게 분노라는 감정이나 수치심, 정면 대결을 피하려 한다. 부정은 직면해야 할 감정들에 대한 작업을 못 하도록 방해함으로써 건강을 해쳐 생명을 단축할 수 있다. 하지만 한편으로는 너무 많은 고통을 한꺼번에 받아 압도되는 것을 막아 주기도 한다. '화(분노)'의 단계에서 걸리기 쉬운 덫은 보복적 행동을 하거나 학대를 삼키며 화를 묻어 버리는 것이다. 폭력과 불의에 대한 화는 고귀함의 원천인 인간 존재의 심연에서 우러나오는 것이기에 화를 존중하는 것이 필요하다. 화로 인해 어디에 상처가 났는지 알게 되어 자신을 방어할 수 있고 잘못된 것은 바로잡을 수 있는 힘을 갖게 된다. '거래'의 단계는 상대방에게 우리가 진정으로 원하는 변화를 요구하는 것이다. 우리에게 해를 끼친 상대가 우리가 바라는 것을 해 주기 어렵더라도, 그 거래 조건에 귀를 기울일 필요가 있다. 거래 조건은 우리가 치유의 과정을 시작하기 위해 필요한 것이 무엇인지 알려 주고, 박해자가 행동의 결과를 책임지도록 초대하며, 다른 방법으로라도 조건이 성사되도록 이끌 수 있기 때문이다. 거래를 의식하고 자신의 욕구를 대면하기 시작하면서 '우울'의 단계로 이동한다. 이때 건강한 죄책감은 괜찮지만 잘못된 죄책감은 위험하다. 잘못된 죄책감은 자기 잘못이 아닌 것에 대해서도 자신을 탓함으로써 자학하고 상대방의 학대를 수동적으로 받아들이게 한다. 따라서 자신의 실수에 대한 책임만 지면서 변화시킬 수 없는 것들은 받아들이고, 변화시킬 수 있는 것들은 변화시키도록 나를 사랑하고 지지해야 한다. 우울의 단계를 벗어나면 마지막 '수용'의 단계로 들어간다. 내면 깊은 곳에서 자기 자신을 더 깊이 용서하고, 상대를 용서할 수 있게 된다. 그렇게 과거의 상처들을 치유하면서 상처가 가져온 새로운 성장으로 인해 감사하게 된다.◆179

용서의 다섯 단계를 상처 드러내기, 자책, 희생, 분노, 완성으로 보는 견해도 있다. 상처를 대면한다는 것은 고통스러운 일이기에 우리는 과거의 상처에 대한 기억과 사실을 감추려 하거나 축소하려는 경향이 있다. 하지만 진정으로 용서하려면 자신의 상처가 무엇이고 용서할 상대가 누구인지 알며, 무엇을 용서할지 알아야 하기에 용서의 첫 단계는 '상처를 드러내는 것'이다. 상처를 부인하지 않고 인정하고 대면하다 보면 '자책'에 빠질 수 있다. 대체로 가해자는 우리와 가까운 사람이라 상대를 전적으로 탓하는 걸 꺼리게 된다. 그러면서 분명히 자신에게 잘못이 있기 때문이라는 생각을 하며 자책감과 열등감에 빠지게 될 위험이 있다. 하지만 이때 자신이 이해와 격려, 위안을 누릴 자격이 있다는 사실을 기억해야 한다. 상처를 인정하고 가해자와 정면으로 마주하며 자신이 무력했고 '희생'당했음을 인식하게 되면 한탄과 후회, 회한과 슬픔을 표현하게 된다. 이것은 우리가 마땅히 받아야 했을 동정에 찬 관심을 얻고자 하는 수단이 되지만, 자기 연민의 수렁에 너무 오래 빠져 있지 않도록 노력해야 한다. '분노' 단계로 가게 되면 연민적 한탄이 외향적 에너지로 바뀌면서 우리는 더 이상 희생자가 되기를 거부한다. 수렁에서 단호히 걸어 나와 움직이고, 부당한 학대와 관련해서 무슨 일인가를 하는 데 에너지를 쏟는다. 이러한 분노가 앙갚음이 아닌 건설적 방향으로 간다면 이 에너지는 온전함에 이르는 결정적 역할을 한다. 이러한 과정을 거쳐 마지막 단계인 '완성'으로 넘어간다. 지난날의 잘못이 현재와 미래의 삶을 지배하는 것을 허용하지 않고 진정한 용서할 수 있게 된다. 이로써 나는 피해자 이상의 존재임을 깨닫고, 누군가가 나에게 저지른 일과, 누가 나를 위해 무언가 해 주는 것에 매이지 않고 자유로워진다. 그리고 사랑으로 자신이 만들어 나가는 세계 속에서 살게 된다.◆180

우리 경험 안에 용서의 다섯 단계를 억지로 끼워 맞출 필요는 없다. 다만 그 과정이 우리에게도 필요할 때, 자연스럽게 그 모습을 드러내도록 허용함으로써 자신에 대한 비폭력적인 태도를 갖는 데 도움이 될 수 있다.

같이 읽어 보면 좋은 개념 **분노** 087 | **화해** 297

인권 사람 인 人, 권세 권 權

인권의 의미와 개념

인권의 사전적 의미는 '인간으로서 당연히 가지는 기본적 권리'를 말한다. 즉 인권이란 한 개인이 인간이기 때문에 인간답게 살기 위해 갖는 또는 요구할 수 있는 권리이다. 인권human right에서 '권리'라는 단어는 원래 'right'을 번역한 것인데, 그 안에는 '도덕적으로 올바른 것, 정당한 것, 합리적인 것, 합법적인 것'이라는 의미가 있다. 근대 계몽주의자들은 모든 인간에게 절대자가 부여한 어떤 지위, 즉 인간의 권리가 있는데 이를 '자연권'이라 불렀다. 우리나라에서는 자연권 대신 '천부 인권'이라는 말로 널리 쓰이는데, 이 '천부 인권' 사상이 근대적 인간의 기초를 제공했다.◆181

인권의 세 가지 핵심적 특성은 인간은 누구나 똑같이 존엄하고(동등한 권리), 태어날 때부터 다른 사람에게 양보하거나 포기할 수 없는 권리를 가지며(양도할 수 없는 권리), 국경과 문화를 초월하여 보편적 지위를 갖는다(보편적 권리)는 것이다.◆182 하지만 자연도 하늘도 신도 실제로 인간의 권리를 보장하지 못했다. 현실적으로 인간의 권리가 보장되기 시작한 것은 프랑스 혁명과 미국의 독립 전쟁으로 근대 국가가 탄생하면서부터였다. 절대주의 왕국을 무너뜨린 시민 혁명은 계몽주의자들의 인권 사상을 토대로 새로운 국가, 헌법, 정부를 만들었고 이 근대 국가가 인권을 보장했다. 그러나 근대 국가는 자국의 특정 시민의 인권만을 보장했고 빈민층과 여성들의 인권은 배제해 버려서 보편적인 인권을 보장하지는 못했다. 이 때문에 현실 역사에서 인권은 시민권과 함께 발전했다. 프랑스 혁명 이후 1789년 프랑스 헌법 서문으로 채택된「인간과 시민의 권리 선언」에서 인권이라는 용어가 처음 등장했는데, 여기서 인권(인간의 권리)과 시민권(시민의 권리)이 동일하게 사용되었다. 인권이 당위적·추상적·도덕적 차원에서 논의된 인간의 권리라면, 시민권은 국가라는 정치 기구 및 제도 속에서 법적·제도적·

현실적으로 실현된 인간의 권리라고 할 수 있다.◆183 시민권이 발전하면서 인권에 대한 논의도 더 구체화되고 확장되었다.

인권의 개념은 지난 몇 세기 동안 사회적 변화와 함께 진화해 왔는데, 그 발전상에 따라 세 단계로 구분할 수 있다. 1세대 인권(첫째 단계)은 시민적·정치적 권리(자유권)에서 인권 실현을 시작한다. 인간이라면 누구나 평등하게 가진 보편적 권리로서, 인권에 대한 침해를 바로잡도록 하는 단계이다. 2세대 인권(둘째 단계)에서는 개인적 권리에서 출발한 인권 개념이 경제적·사회적·문화적 권리로 발전한다. 나라의 모든 구성원이 사회적 존중과 최소한의 경제적·문화적 가치를 누리도록 해야 할 정부의 적극적 책임에 집중하는 단계이다. 3세대 인권(셋째 단계)에서는 인권 개념이 형제애와 국제적 협력을 포괄하는 이르는데 이것을 '연대권'이라고도 한다. 한 사회와 단일 국가의 구성원뿐만 아니라 국제 사회의 책임을 촉구하는 인권 개념으로, 세계의 모든 사람이 함께 인권을 존중받고 누려야 한다는 생각을 갖고 지구 시민권이라는 형태로 인권을 실현하려는 단계이다.◆184 특히 평화권은 발전권, 환경권과 함께 3세대 인권으로 강조되고 있다. 이처럼 인권의 영역은 다양하고, 진화하며, 인권들 사이의 관계도 보완적이고 상호 의존적이다.

인권 개념의 발전과 변화

린 헌트Lynn Hunt는 『인권의 발명』이라는 책에서 '공감'하는 법을 배운 것이 인권 성취의 비결이었다고 말한다. 공감 능력이 연대를 부르고 세상을 바꿨기 때문이다. 공감을 확산하는 데 결정적인 역할을 한 것은 18세기에 유행한 대중 소설이었다. 사람들은 소설을 읽으며 주인공과 동일시되었고 계급, 인종, 성별의 구분을 넘어 공감하는 법을 배웠다. 점차 만인평등사상을 받아들이는 이들이 많아졌고, 그 사상이 글로써 다듬어진 후, 정치적 선언에 의해 살아 있는 인권 선언으로 실행되었다.◆185

토머스 제퍼슨Thomas Jefferson은 존경받는 세 번째 미국 대통령(재임 1801년~1809년)이자 미국 '독립 선언서'의 초안을 작성한 사람이다. 그는 1775년 6월부터 제2차 대륙회의 위원으로 재직했는데, 그로부터 얼마 후 미국 독립 전쟁이 일어났다. 이듬해 6월, 대륙회의에서 독립 선언 결의 공포를 준비하기 시작했는데, 제퍼슨은 동료 위원들의 도움과 자신의 계몽사상을 바탕으로 독립 선언서를 작성했다. 1776년 7월 4일 승인된 선언서 머리말은 이렇게 시작한다. "우리는 다음과 같은 사실을 자명한 진리로 여긴다. 즉 모든 인간은 평등하게 창조되었고, 그들은 창조주로부터 양도할 수 없는 특정 권리들을 부여받았는데, 이 권리 중에는 삶과 자유, 그리고 행복 추구가 있다."◆186 이 문장은 인권의 가장 기본적인 사상을 담은 유명한 글귀가 되었다.

그로부터 13년 후인 1789년 8월 27일, 제퍼슨의 친구였던 노장 라파예트Lafayette가 동료들의 도움을 받아 작성한 「인간과 시민의 권리 선언」이 채택된다. 프랑스 혁명 이후 프랑스 국회가 헌법 서문으로 채택한 이 선언에서 최초로 '인권'이라는 용어가 사용된다. 제1조에서는 "인간은 자유롭게, 그리고 권리에 있어 평등하게 태어나 존재한다."라고 천명했다. 이처럼 절대주의 왕국을 무너뜨리고 근대 시민 사회가 발전하면서 사람들은 계몽주의자들의 인권 사상을 수용해 새로운 헌법, 정부, 국가를 만들어 인권을 보장하려고 했다. 그러나 이러한 인권이 실제로 모든 사람에게 적용되지는 않았다. 18세기 말에 인권이 보편적 가치라고 주장했던 당사자들도 어린이나 수형자, 외국인, 빈민층, 노예, 자유 신분의 흑인, 여성을 배제했고 평등한 권리를 제공하지 않았다.◆187 인권을 더 많은 사람이 누릴 수 있게 된 것은 인권 침해 피해자들의 지속적인 문제 제기와, 수많은 사람의 노력과 희생이 있었기 때문이다.

19세기 들어 신분 제도와 노예 제도는 사라졌지만, 차별은 여전했다. 미국에서는 남북 전쟁 이후 노예 제도가 폐지된 이후에도 흑인은 백인과 같은 식당에 들어갈 수 없었고, 도로나 화장실, 심지어 버스에도 흑인 자리가 따로 있을 정도였다. 마틴 루서 킹 목사는 이러한 인종 차별에 저항하여 '몽고메리 버스 거부 투쟁(인종 차별 버스 타지 않기)'과 같은 비폭력 운동, 흑인이 정치에 참여할 권리를 얻어 내기 위한 공민권 운동을 활발히 벌였다. 한편 영국의 에밀리 데이비슨은 '여성 참정권 운동'을 벌이다가 수차례 감옥에 갇히고 고문을 당하기도 했지만, 굴하지 않고 단식까지 하며 여성이 정치에 참여할 권리를 위해 싸웠다. 에밀리 데이비슨은 1913년 한 경마장에서 "여성에게 투표권을!"이라고 외치며 경주로에 뛰어들어 목숨을 잃었고, 그녀의 희생 이후 수많은 여성 운동가의 노력으로 1918년 영국 정부는 여성의 투표권을 보장했다.◆188

인권은 점점 보편적 인권이라는 약속을 실현해 가는 듯했으나, 20세기 들어 인류는 제1차 세계 대전(1914~1918)과 제2차 세계 대전(1939~1945)이라는 엄청난 전쟁의 소용돌이에 휘말렸다. 30여 년이라는 짧은 기간에 인류 역사상 최대의 전쟁을 두 번이나 치른 것이다.◆189 전쟁 중에는 극악무도한 인권 침해가 일어났다. 2차 세계 대전이 끝난 후 다시는 전쟁과 그로 인한 인권 침해가 없기를 바라는 염원을 담아 평화·인권·발전을 세 축으로 유엔United Nations이 설립되었다. 세 축 중에서 '발전'이 들어간 것은 전쟁과 인권 침해가 경제 발전과 밀접히 관련 있다는 자각 때문이다. 1948년 유엔은 「세계 인권 선언」을 채택했는데, 제1조는 "인간은 자유롭게, 그리고 권리에 있어 평등하게 태어나 존재한다."고 분명히 밝힌다.◆190 국제 사회는 「세계 인권 선언」을 통해 세계인에게 인권을 보편적 가치로 정립하고 다루도록 하는 데 기여했다. 하지만 강제력을 가지지 못하는 선언이었기에 세계 시민의 시민권을 보장해 주지는 못했다.

세계 인권 선언 내용

「세계 인권 선언」은 1948년 제3차 국제 연합 총회에서 채택된 선언으로, 세상의 모든 인간과 국가가 달성해야 할 인권 존중의 보편적 가치를 담고자 했다. 이 선언은 총 30개 조항으로 이루어져 있는데, 그 내용을 요약하면 다음과 같다.

모든 사람이 자유롭고 평등하게 태어났고 똑같은 존엄과 권리를 갖고 있기에 서로를 형제애의 정신으로 대해야 하고(1조) 차별하지 않아야 한다(2조). 또한, 우리 모두 생명을 존중받으며 자유롭고 안전하게 살 권리가 있고(3조), 누구도 우리를 노예로 삼을 수 없으며, 우리도 다른 사람을 노예로 만들어선 안 된다(4조). 그리고 아무도 우리를 고문하거나 다치게 하거나 모욕적으로 대우할 수 없다(5조). 모든 사람은 법에 따라 보호받을 권리가 있고(6조), 법은 모든 사람에게 공정하고 평등해야 하며(7조), 누구나 기본권을 침해당했을 때 법에 도움을 청할 수 있다(8조). 누구도 함부로 우리를 감옥에 집어넣거나 해외로 추방할 수 없고(9조), 만약 재판을 받는다면 공정하고 공개적인 재판을 받을 자격이 있으며(10조), 진실이 밝혀질 때까지 우리를 비난할 수 없고, 사람들이 우리에게 잘못했다고 말할 때 사실이 아니라는 것을 밝힐 권리가 있다(11조). 누구도 우리 명예를 해치려고 해서는 안 되며, 우리 사생활을 침해하거나 가족을 괴롭힐 수 없다(12조). 우리는 국내에서 어디든 갈 수 있고, 가고 싶은 다른 나라에 갈 수 있으며(13조), 부당한 대우나 박해를 피해 다른 나라로 떠날 권리(14조)와 모두가 국적을 가질 권리가 있다(15조). 성인이 되면 누구나 자기 뜻에 따라 결혼하고 가정을 이룰 권리가 있고, 결혼할 때나 이혼할 때나 남녀는 각각 똑같은 권리를 가진다(16조). 모든 사람은 단독으로 재산을 가지거나 다른 사람과 나눌 수 있고, 어느 누구도 함부로 우리 재산을 빼앗을 수 없다(17조). 모든 사람은 사상과 양심, 종교의 자유를 누릴 권리(18조)와 의사 표현의 자유를 누릴 권리가 있다(19조). 우리는 평화적인 모임을 갖거나 단체를 만들 수 있고, 원하지 않으면 우리를 강제로 모임이나 단체에 들게 할 수 없다(20조). 그리고 모든 사람은 자기 나라 정치에 참여할 수 있고, 어른이 되면 자기 나라 지도자를 뽑을 수 있다(21조). 누구나 사회 구성원으로서 사회 보장을 받을 권리가 있고, 경제적·사회적·문화적 권리를 실현할 자격이 있으며(22조), 어른이라면 누구나 직업을 갖고 일에 대한 정당한 대가를 받고, 노동조합에 들 수 있는 권리가 있다(23조). 누구나 일에서 벗어나 편안하게 쉴 수 있도록 노동 시간을 적절히 제한하거나 정기적 유급 휴가를 받을 수 있다(24조). 우리는 누구나 인간다운 삶을 누릴 권리가 있고, 어머니와 어린이, 청소년, 나이 든 사람, 일자리가 없는 사람, 질병에 걸렸거나 장애가 있는 사람은 사회나 국가로부터 보호와 도움을 받을 권리가 있다(25조). 모든 사람은 교육받을 권리가 있고, 적어도 초등 교육은 무상 교육을 해야 한다(26조). 또한, 누구나 문화생활에 자유롭게 참여하고 즐기며, 학문적 혜택을 누릴 권리, 자신이 만들어 낸 창작물에서 생기는 이익을 보호받을 권리가 있다(27조). 모든 사람이 이 선언에 있는 권리와 자유를 누리기 위해서는 사회적 규칙이 보장되어야 한다(28조). 우리에게는 자신이 속한 공동체에 대해 의무가 있어서 타인의 권리와 자유도 보호해야 한다(29조). 이 선언에 나와 있는 권리와 자유는 누구도 빼앗을 수 없다(30조). ◆191

인권의 기본적인 생각과 방향

인권은 세상의 변화에 따라 더 깊어지고 넓어지며 변했다. 하지만 시간이 지난다고 인권이 저절로 주어진 건 아니었다. 피해 당사자들을 중심으로 인권을 얻고자 끊임없이 목소리를 내고 노력과 희생을 감수했던 사람들이 있었기에 인권이 보장될 수 있었다. 인권은 발전적으로 변해 가야 하지만, 그 '기본적인 생각과 방향'은 변하지 않고 지켜져야 한다.

첫 번째, 인권은 약자의 인권에 먼저 귀를 기울여야 한다. 인권의 개념 안에는 모든 인간이 존엄하고 평등하게 존중받을 권리를 갖는다는 의미를 담고 있지만, 실제로는 인권을 제대로 누리지 못하는 사람들이 있었다. 남성보다는 여성, 백인보다는 흑인, 비장애인보다는 장애인, 건강한 사람보다는 병이 있는 사람, 학력이 높은 사람보다는 낮은 사람, 부자보다는 가난한 사람이 인권을 제대로 누리지 못했다. 따라서 사회적 약자나 소수자의 권리를 먼저 생각하고 관심을 기울여야 인권을 보다 공평하게 누리게 할 수 있다. ◆192

두 번째, 인권은 생각뿐만 아니라 구체적인 변화를 함께 이끌어야 한다. 여기서 구체적인 변화는 규칙이나 제도, 법을 바꾸는 것, 시설을 만드는 것 모두를 포함한다. 법은 기본적으로 함께 행복하기 위한 사회적 약속에서 출발했지만, 그 법이 반드시 인권을 보장하는 것이 아니다. 법을 만드는 국회 의원 중에는 자신에게 이득이 되는 법을 만드는 경우도 있다. 만약 법의 내용이 인권 보장을 소홀히 하거나 인권을 침해한다면 인권을 기준으로 법을 잘 살펴서 약자의 인권도 보장할 수 있는 방향으로 바꾸고 새롭게 만들어야 한다.◆193

세 번째, 인권은 후퇴하지 않고 계속해서 발전해 나가야 한다. 우리나라의 경우 1960년에 4·19 혁명으로 독재 정치를 펼치던 이승만 대통령이 물러났지만, 불과 1년 후인 1961년 5·16 군사 정변으로 군사 독재 정치가 시작되었다. 1979년 10월 26일 박정희 대통령의 사망 이후에는 전두환이 12·12 군사 반란으로 대한민국을 장악하고, 1980년 5·17 쿠데타를 일으켜 이에 저항하는 세력을 강경 진압 및 학살하여 그해 9월 대통령이 되었다. 이처럼 역사가 흐르면서 인권을 훼손하려는 일이 일어날 수 있으나 인권 보장을 위한 노력은 멈추지 않아야 한다. ◆194

어떤 사안이 인권의 문제인지 아닌지 판단하려면 다음과 같은 기준으로 살펴볼 수 있다. 첫 번째, '기본적인 인간의 권리가 보장되고 있는가?' 두 번째, '다름을 존중받고 있는가?' 세 번째, '권한이나 책임이 동등한가?' 네 번째, '내게 영향을 주는 일을 결정하는 데 있어서 참여가 보장되고 있는가?' 다섯 번째, '올바른 판단을 내릴 수 있는 정보를 충분히 제공받고 있는가?' 이러한 다섯 가지 기준을 통해 우리가 겪고 있는 불편하거나 불만스러운 상황이 인권의 문제인지 아닌지 따져 볼 수 있다. 만약 세계 인권 선언이나 국제 인권 문서에 나오는 기본권의 내용을 우리가 알고 있다면, 일상에서 일어나는 문제를 보다 인권적인 시각으로 바라볼 수 있게 된다. 인권 침해와 그 부당함을 먼저 인식할 때, 이를 해결하기 위한 노력도 시작될 수 있을 것이다.◆195

인권과 평화권

1948년 12월 10일에 채택된 「세계 인권 선언」은 전문 첫 문장에서 이렇게 천명했다. "우리가 인류 가족의 모든 구성원이 지닌

타고난 존엄성을 인정하고, 그들이 남과 똑같은 권리 그리고 빼앗길 수 없는 권리가 있다는 사실을 인정할 때, 자유롭고 정의롭고 평화적인 세상의 토대가 마련될 것이다."◆196 이후 1968년 4월 22일에 열린 제1회 세계 인권 회의에서 평화와 인권의 관계를 다음과 같이 선언했다. "평화는 인류의 보편적 염원이고, 평화와 정의는 인권과 근본적 자유를 전면적으로 실현하는 데 필수적임을 인정한다." 즉, 평화의 기초가 인권이고, 동시에 평화는 인권 실현의 필수 조건이므로 '인권'과 '평화'라는 두 가치는 상호 불가분의 관계임을 인정한 것이다. 세계 사회의 이러한 인식이 확대되면서 오늘날 인권과 평화는 '평화권right to peace'이라는 용어로 이해되기 시작했다.◆197

유엔United Nations의 경우 출범 이후 '평화를 위한 국제적 협력'을 재차 강조해 왔다. 그러다가 1978년 12월 15일, 유엔 총회에서 '평화롭게 살 권리'를 강조하는 결의(평화롭게 살 수 있는 사회의 준비에 관한 선언)를 채택한다. 모든 국가, 민족, 개인을 포함한 인류가 평화롭게 살 본래적 권리를 가진다고 선언한 것이다. 또한, 이 선언의 실현을 위해 인종적 혐오, 차별, 폭력, 불의, 전쟁에 대한 선동을 없애야 한다고 요청했다. 더 나아가 유엔은 1984년 11월 12일, 유엔 총회에서 '인민의 평화권Right of Peoples to peace'이라는 결의를 채택했다. 본문은 4개의 항목으로 구성되어 있는데 그 내용은 다음과 같다. "첫째, 세계의 인민이 평화에 대한 신성한 권리가 있음을 엄숙히 선언한다. 둘째, 인민의 평화권을 지키고 그 실행을 증진하는 것이 국가의 근본 의무임을 선언한다. 셋째, 인민의 평화권은 전쟁의 위협, 특히 핵전쟁의 위협을 종식하기 위한 정책, 유엔 헌장에 기초하여 무력 사용이 아닌 평화적 방법으로 분쟁을 해결하기 위한 정책을 요구할 수 있음을 강조한다. 넷째, 모든 국가와 국제기구에 국내·국제 차원에서 모든 적절한 조치를 취하여 인민이 평화권을 실현하는 데 최선을 다할 것을 촉구한다." 이는 유엔의 이름으로 평화권의 필요성을 공식화한 최초의 선언으로, 평화권 논의 발전의 계기가 되었다.◆198

이후에도 유엔 총회는 지속해서 평화권 논의를 이어 갔고, 인권이사회는 2012년 7월부터 '인민의 평화권' 대신 '평화권'이라는 용어를 사용하며 평화권 초안을 작성했다. 이후 선언문 수정 과정을 거쳐 마침내 2016년 7월, 인권 이사회는 '평화권 선언'을 채택했다. 그러나 평화권의 구체적 내용과 원칙이 잘 드러나지 않아 평화권의 개념이 후퇴했다는 평가를 받기도 했다. 특히 동서 진영 간의 대립, 선진 산업국들의 반대는 평화권 발전의 장애 요소가 되어 평화권을 구체화한 법을 만드는 것을 가로막고 있다. 그럼에도 유엔은 '평화권' 개념이 형성된 1970년대부터 '평화권 선언'을 발표한 2016년까지 평화권에 관한 국제적 논의가 이루어지는 데 있어서 중요한 역할을 하였다.◆199

같이 읽어 보면 좋은 개념 자유 189 | 민주주의 067

ㅈ

자유

자유의 의미
사상과 토론의 자유가 중요한 이유
자유주의의 의미
자유주의의 기본 원리
자유주의의 한계

전쟁

갈등과 분쟁, 전쟁의 관계
전쟁의 원인
6·25 전쟁(한국전쟁)
6·25 전쟁(한국전쟁) 피해
전쟁 예방과 평화를 위한 노력

정의

정의의 의미와 분류
정의를 이해하는 세 가지 관점
사법적 정의
회복적 정의
회복적 사법

자유 스스로 자自, 말미암을 유由

자유의 의미

'자유'란 무엇인가? 한자로는 스스로 자自, 말미암을 유由라는 뜻으로, '나에게서 비롯된다' 정도의 뜻을 갖고 있다. 사전적 의미에서 자유는 '외부적인 구속이나 무엇에 얽매이지 아니하고 자기 마음대로 할 수 있는 상태'를 말한다. 그렇다면 자유란 '내 마음대로 행동한다'는 부정적인 방종의 의미를 포함하는 것일까?

중국 '후한'의 역사책인 『후한서』에서는 자유가 '모든 일을 제멋대로 했다'는 방종의 의미로 쓰이기도 했다. 그러나 영어에서는 자유를 뜻하는 말로 liberty와 freedom이 있는데, 일반적으로 liberty로서의 자유는 정치나 법의 영역에서 언급되고, freedom으로서의 자유는 철학이나 문화, 경제의 영역에서 언급된다. 이 둘은 밀접하게 연관되어 있고 의미가 다의적이다. liberty나 freedom의 여러 번역을 고려할 때, 자유란 적극적 의미에서 스스로 주인으로서 행동한다는 의미를 갖고 있고, 소극적 의미에서 타인 역시 주인으로 행동하는 존재이니 너그럽게 대한다는 의미가 동시에 포함된 것으로 볼 수 있다.◆[200]

한편, 영국의 철학자 이사야 벌린Isaiah Berlin은 〈자유의 두 개념two concepts of liberty〉이라는 에세이에서 자유를 소극적 자유와 적극적 자유로 나누었다. 그가 생각한 소극적 자유는 개인이 타인의 간섭 없이 자신의 마음대로 혹은 의지대로 할 수 있는 것이고, 적극적 자유는 국가에 인간다운 생활을 요구하거나 국가 운영에 직접·간접으로 참여할 수 있는 것을 의미했다. 따라서 맨 처음 자유권을 획득하면서 소극적 자유를 얻게 되었고, 참정권, 청구권을 얻으면서 적극적 자유를 얻게 되었다고 보았다.◆[201]

『자유론On Liberty』은 19세기 영국의 사상가 존 스튜어트 밀John Stuart Mill의 대표작인데, 밀은 이 책으로 인류 역사에서 자유주의의 가장 위대한 교사로 불리게 되었다. 밀이 말한 자유는 기본적으로 '의지의 자유'가 아니라 인간의 다양성을 보장하기 위한 시민적·사회적 '사상의 자유'를 말한다. 밀은 "자유라고 불릴 수 있는 유일한 자유는, 우리가 타인의 행복을 뺏으려 하지 않는 한, 또는 타인이 행복을 얻고자 노력하는 것을 방해하지 않는 한, 우리 자신의 방법으로 우리의 행복을 추구하는 자유다."라고 했다. 그리고 이를 보다 명확히 하기 위해 사회가 합법적으로 개인에 대해 행사할 수 있는 권력의 본질과 한계를 밝히고자 했다. "개인의 행동 중에 사회의 제재를 받아야 할 유일한 것은, 그것이 타인과 관련된 경우뿐이다. 반대로 오로지 자신만 관련된 경우 그의 인격의 독립은 당연한 것이고 절대적인 것이다. 자신에 대해, 즉 자신의 신체와 정신에 대해 각자는 주권자다." 즉 개인에만 관련된 행동에 대해서 권력이나 사회가 간섭할 수 없고, 간섭은 오로지 타인에게 해를 끼치는 행동에 한정된다고 하였다.◆202 그러나 밀의 자유론은 '인간의 행동을 순수하게 개인에만 관련된 행동과 타인에게 해를 끼치는 행동으로 확연하게 구분될 수 있는가?', '타인에게 끼치는 해가 구체적으로 명시되지 않으면 자유의 범위는 대단히 좁아지지 않는가?'라는 비판을 받기도 했다.

사상과 토론의 자유가 중요한 이유

존 스튜어트 밀John Stuart Mill은 자유를 세 가지 영역으로 구분하였다. 첫째, 사상과 양심의 자유다. 이것은 사상과 감정, 과학, 도덕, 종교 또는 사색적인 모든 문제에 관해 자신의 의견을 표명하고 이를 표현하는 자유를 요구한다. 둘째, 취미와 탐구의 자유다. 즉 우리 자신의 성격에 맞게 우리 생활을 계획하는 자유, 결과를 감수하면서 우리가 하고 싶은 대로 행동하는 자유, 우리가 타인에게 해를 끼치지 않는 한 방해받지 않을 자유를 요구한다. 셋째, 집회와 결사(여러 사람이 공동의 목적을 이루기 위하여 단체를 조직함)의 자유와 노동자의 단결권을 포함한 단결의 자유다. 이러한 자유가 없다면 그 사회는 통치 형태가 어떠하든 자유롭다고 할 수 없다.◆203

밀은 무엇보다 진리를 찾으려면 '사상과 토론의 자유'가 매우 중요하다고 하면서 세 가지 경우로 나누어 논의했다. 첫째, 권력이 탄압하려는 의견이 진리인 경우다. 어떤 의견이 틀렸다고 확신한다는 이유에서 그 의견을 들으려 하지 않는 것은 그들의 확신이 절대적으로 옳다고 주장하는 독단에서 나온다. 즉 토론을 침묵시키는 것은 자신의 의견에 절대로 오류가 없다고 가정하는 것이다. 사람들은 누구나 자신이 오류를 범하기 쉽다는 걸 알면서도, 자신이 굳게 믿는 의견이 그러한 오류의 하나일 수 있다고 가정하는 경우는 거의 없다. 따라서 인간은 자신의 의견과 행동에 대한 비판에 마음의 문을 열어 놓고 자신의 의견에 맞서서 말하는 모든 것에 귀를 기울일 때 자신의 잘못을 고칠 수 있다는 것이다. 따라서 언론·출판의 자유는 보장되어야 하고, 반대 의견을 갖는 사람이 아무리 소수라 할지라도 그 사람에게 침묵을 강요할 권리가 없다.◆204

둘째, 탄압받은 의견이 진리가 아닌 오류일 경우이다. 비록 탄압으로 침묵 당한 의견이 오류라고 할지라도, 거기에는 진리 일부가 포함되어 있을 수 있다. 어떤 주제에 대해 일반적이거나 우세한 의견이라 할지라도 그 전부가 진리인 경우는 드물어서, 그 나머지 진리가 보충될 기회를 얻는 것은 서로 반대되는 의견들의 충돌에 의해서만 가능하다. 의견 차이가 있을 수 있는 모든 문제에서 진리는 다른 하나의 학설이 왜 진실일 수 없는지를 증명해야 한다. 이 때문에 진리에 도달하려면 반대론을 알아야 한다. 만약 반대쪽에서 주장하는 것이 무엇인지 알지 못한다면, 또는 반대쪽에서 주장하는 이유를 논박할 수 없다면, 그 사람은 어느 편의 의견을 택할 근

거를 갖지 못하는 것이다. 탄압은 어떤 것이 진리인지를 인식하는 수단과 과정을 앗아 간다.◆205

셋째, 일반적 사회 통념과 이에 반하는 의견이 모두 진리일 경우이다. 진리의 모든 측면을 공정하게 다룰 기회는 의견이 다양하게 나눠질 때만 비로소 가능하다. 어떤 문제에 대해 세상 사람들이 일반적으로 같은 의견을 갖는 것에 대해 다른 의견을 갖는 예외적인 사람들이 존재할 때, 비록 세상 사람들 편이 옳다고 해도 반대론자가 자신을 위해 변명하는 말도 들어 볼 필요가 있다. 반대론자들을 침묵시킨다면 진리에 손실을 입힐 가능성이 있기 때문이다.◆206

이처럼 밀은 참된 판단을 위해 비판과 토론의 필요성을 강조하고, 사상과 발표와 토론은 어떤 경우에도 충분히 보장되어야 한다고 하였다.

자유주의의 의미

한편 '자유주의'는 16세기 이래 서양에서 발전한 사상으로 다양한 의미와 해석을 두고 있다. 간단히 정의한다면 자유주의란 '개인의 자유를 가장 중시하는 사회사상'이다. 서양에서 자유주의는 '개인의 자유를 최고의 정치적 가치로 설정하며, 어떤 정치적 실천이나 제도의 평가 기준이 개인의 자유를 드높이는 데 성공적인가 여부에 있다고 믿는 신념 체계'라고 할 수 있다. 자유주의는 사람들의 머릿속에서 관념적으로 발전된 게 아니라 구체적인 역사 속에서 형성되었다. 비인간적이며 차별적이었던 절대 군주제와 전통적 신분 사회를 무너뜨리고, 종교 개혁과 시민 혁명을 주도했던 근대 서양의 시민 계급의 건강한 사회사상이 자유주의다. 자유주의는 모든 개인은 절대적으로 소중하며 자유롭고 평등하다는 사상을 기초로, 민주주의와 법치주의를 축으로 하는 평등한 시민 사회를 건설하게 한 시민 정신에서 비롯되었다.◆207

자유주의는 모든 인간은 불완전하다는 인간관에서 출발한다. 인간은 정보도 부족하고 사고 능력도 불완전하여 사물이나 사실을 잘못 인식하거나 틀리게 예측하기 쉽다. 또한, 도덕적으로도 불완전하여 다른 사람이나 존재에게 피해를 주기 쉽다. 인간이라면 누구나 양심을 갖고 있으나 이해관계 앞에서 양심은 나약하다. 인식과 도덕의 양면에서 인간은 모두 불완전한 것이다. 인간이라면 누구나 과오를 범할 수 있으므로 이를 바로잡기 위해서는 자유주의가 강조하는 사상과 비판의 자유가 필요하다. 자유주의가 정부 권한의 제한을 주장하는 것은 정치권력자들도 불완전한 인간이기 때문이고, 법치주의가 중요하다고 보는 것은 자기 이익을 위해 타인에게 부당한 피해를 주는 것을 막기 위해서이다.◆208

자유주의에는 '정치적 자유주의'와 '경제적 자유주의'가 있다. 16세기에서 18세기 유럽에서 구체제에 대항하여 종교 개혁과 시민 혁명이라는 투쟁을 벌였던 부르주아들은 종교와 정치의 자유 및 신분 제도의 철폐를 주장했다. 이들은 인간의 불완전성을 인식하고 만인 평등사상과 기본권 보장, 건전한 개인주의, 사상과 비판의 자유, 관용 등을 중요하게 여기며 민주주의와 법치주의를 주장했는데 이는 정치적 자유주의political liberalism 사상에서 비롯되었다고 할 수 있다. 투쟁에 성공함으로써 정치적 자유를 얻게 된 부르주아들은 더 나아가 경제 활동에서의 자유도 요구했다. 당시 서구에서 각국 정부들은 수입을 억제하고 수출을 지원하며, 중요 사업의 인허가와 금리 및 가격 통제, 노동자의 이동 통제 등을 시행하면서 경제를 강력하게 통제하고 있었다. 이러한 정부의 경제 정책은 대 상공인들에게는 유리하였으나 중소 상공인들에게는 불리하였다. 이 때문에 중소 상공인들은 누구나 자유롭게 장사할 수 있도록 정부의 경제 규제를 철폐하는 자유방임의 경제를 주장했다. 이는 경제적 자유주의economic liberalism이다. 이처럼 16세기 이래 발생한 고전적 자유주의는 정치적 자유주의와 경제적 자유주의를 아우르는 것이었다. 그러나 19세기 후반부터 불황과 빈부 격차 같은 자본주의 실패가 확연히 인식되면서 경제적 자유주의는 약화하거나 비판받게 되었다.◆209

자유주의의 기본 원리◆210

자유주의는 시대와 사회의 변화에 따라 자유주의의 모습이 다소 변형되었다. 그러나 서양의 시민 혁명으로 발생한 원래의 자유주의, 즉 고전적 자유주의의 기본 원리들은 오늘날까지 변함없이 이어져 내려오고 있는데, 그 내용을 살펴보면 다음과 같다.

첫째, 자유주의의 가장 기본적인 관점은 '만인 평등' 사상이다. 모든 사람이 사회적으로 평등하므로 누구도 타인의 자유를 억압할 권리가 없다는 것이다. 자유주의에서 말하는 평등은 인격과 인권에서의 완전한 평등, 법 앞의 평등, 기회의 균등을 말한다. 자유주의가 발생하기 이전인 전근대 사회에서는 신분, 인종, 종교, 성 등을 이유로 사람을 차별하는 것을 당연시하고, 신분이나 재산에 따라 법적 대우가 다른 경우가 많았다. 그러나 자유주의는 이러한 사회적 차별에 저항했고 오랜 악습과 차별을 없애는 데 큰 역할을 하며 전근대로부터 근대를 구분 짓는 핵심 사상이 되었다.

둘째, 자유주의의 기본 원리는 '사상과 비판의 자유'다. 신교도들은 카톨릭 권력과 투쟁하여 신앙과 양심의 얻게 되었고, 이는 사상과 비판의 자유로 확대되었다. 생각에서 행동이 나오기 때문에 사상의 자유는 가장 중요하고 기본적인 자유다. 또한, 모든 사람은 인식과 윤리에서 불완전하므로 인간의 잘못을 바로잡기 위해서는 자유로운 비판이 중요하다. 생각은 발표될 때 사회적 의의가 있으므로, 사상과 비판의 자유를 추구하는 것은 언론과 출판의 자유로 확대되는 역할을 하였다. 또한, 이를 통해 권력에 대한 자유로운 비판을 가능케 했다.

셋째, 자유주의 기본 원리는 '관용'이다. 자유주의가 추구하는 자유는 무분별한 탐욕이나 남에게 피해를 주는 이기주의, 공정한 규칙이 없는 무법천지의 세상이 아니다. 모든 개인이 절대적으로 소중하며 자유롭고 평등하다는 사상에 기초하기 때문에, 자유를 가진 타인 역시 너그럽게 대하며 그들의 비판도 받아들일 수 있는 열린 마음을 가진다는 것을 의미한다. 타인 또한 자신의 주인이며 자유로운 존재로서 나와 생각과 행동이 다를 수 있기에, 이를 인정하는 관용이 필요하다.

넷째, 자유주의의 기본 원리는 '개인주의'다. 자유주의는 국가, 집단, 계급, 이념 등과 같은 것들이 오직 개인의 행복을 증진하는 수단이 될 때 가치를 갖게 된다고 하였다. 즉 자유주의는 집단을 개인보다 우선하여 집단을 위해 개인은 희생될 수 있다고 보는 전체주의, 혹은 집단주의를 단호히 거부한다. 자본주의 경제에서 중소 상공인들은 개인 기업을 운영하며 자신의 힘으로 자신의 책임하에 독립적으로 살아가야 했기에 이타심과 희생을 강조하는 공동체 중심의 전통적 윤리관은 변화를 요구했다.

다섯째, 자유주의의 기본 원리는 '기본권의 절대적 보장'이다. 자유주의에서 말하는 자유는 생명권과 재산권을 모두 포함하는 인권을 중시한다. 생명과 신체, 재산에 대한 보호가 없는 자유는 아무 의미가 없기 때문이다. 자유주의가 개인주의와 개인의 기본권을 중시한다고 해서 타인에게 부당한 피해를 주고 자신의 이익만을 추구하는 탐욕을 추구한 것은 아니다. 자유주의는 타인에게 피해를 주지 않는 범위에서, 모든 사람에게 똑같이 적용되는 법과 규칙 내에서 자신의 이익을 추구하고자 하였다.

여섯째, 자유주의의 기본 원리는 '독립심, 자립심, 자기 책임'이다. 자유주의는 국가나 타인이 개인 생활을 간섭하는 것을 반대하는 만큼, 국가나 타인의 지원에 의지하지 않고 스스로 경제생활에서 생계를 해결하는 독립심과 자립심을 중시한다. 또한, 자신의 행동 결과에 대해 스스로 책임을 진다. 독립과 자립의 원칙은 인간소외를 낳는다는 비판을 낳기도 했으나 사유 재산 제도의 정당성을 부여하여 경제 발전의 동력이 되었고, 자기 삶에 최선의 노력을 다함과 동시에 책임을 다하는 자세를 갖도록 하였다.

자유주의의 한계◆211

자유주의는 '개인의 자유 보장'이라는 원리로 서양에서 불과 3~4백 년의 짧은 시간 동안 민주주의와 법치주의, 자본주의라는 근대 사회 질서 확립을 가능케 했다. 이로 인해 정치, 경제, 사회, 문화 등 모든 면에서 엄청난 문명의 발전을 이룩할 수 있었다. 이처럼 자유의 원리는 대단한 힘을 갖고 있으나 한계점도 분명하다.

정치적 자유주의는 세월이 흘러도 보편 타당성을 갖고 있다. 만인의 사회적 평등, 신분 차별의 철폐, 민주주의와 법치주의를 통한 정치권력의 제한, 사상·종교 및 언론·출판의 자유, 관용, 개인 인권의 절대적 보장, 건전한 개인주의와 같은 정치적 자유주의의 기본 원리들은 모든 사회와 시대에 필요하다. 특히 모든 개인은 존엄성을 갖고 있고 사회적으로 평등하다는 정치적 자유주의의 기본 관점은 사회적 약자들의 권익을 향상해 역사를 진보시켰다. 이 때문에 정치적 자유주의의 기본 원리나 질서에 대해서는 어떤 자유주의자도 근본적인 의문을 제기하지 않았다.

반면에 경제적 자유주의는 끊임없는 논란의 대상이 되었다. 자본주의 시장 경제가 봉건 경제나 사회주의 계획 경제보다 생산과 소득을 전반적으로 증대시켰다는 장점을 갖고 있긴 하지만 심각한 자본주의 실패 또한 가져왔기 때문이다. 여기서 '자본주의 실패'라 함은 불황과 실업, 빈부 격차의 확대, 환경 파괴의 심화, 독점화 경향, 인간 소외, 윤리 타락, 전쟁과 약소국 침탈 등과 같은 것들이다. 경제적 자본주의만으로는 인류가 당면한 이러한 문제들을 해결하기 힘들다. 이 때문에 역사적으로 경제 정책은 항상 자유 방임주의와 개입주의가 서로 교차하여 등장하였다. 16세기에서 18세기에는 개입주의가, 19세기에는 자유 방임주의가, 제2차 세계 대전 이후에는 다시 개입주의(케인지언 정책)가, 1980년대 이후에는 또다시 자유 방임주의(신자유주의)가 경제 정책을 지배했다. 개입주의 정책은 정부의 실패라는 문제를, 자유 방임주의 정책은 시장의 실패라는 문제를 갖고 있었다. 따라서 어느 한 정책이 지속하면 문제점이 누적되어 새로운 정책으로 전환되는 과정이 반복되었다.

선진국들을 보아도 완전한 자유방임 자본주의 경제를 채택하고 있는 나라는 찾아볼 수 없다. 선진국의 경우 시장 경제를 기본으로 하면서도 적절한 정부 개입을 통해 시장 실패를 교정하는 복지 국가 형태가 많다. 나라마다 정도는 다르지만 모두 자본주의 실패를 완화하기 위해 자본주의 경제의 기본 제도인 '시장 경제'와 '사유 재산 제도'를 일부 제한하고 있다. 금액이 커질수록 세율이 높아지는 소득세와 상속세, 독과점 규제, 토지 이용 규제 등이 그 예이다. 신자유주의자들도 정부의 경제 개입을 전면 반대하는 것이 아니라 최대한도로 축소할 것을 주장하는 것이다.

우리나라를 포함한 모든 자본주의 국가들은 기본적으로 자본주의 경제 체제일지라도 부분적으로는 정부의 경제 개입을 시행하고 있다. 정부는 정부 재산을 국가가 소유하여 예산 계획에 따라 운영하기 때문에 경제에서 정부가 관리하는 것은 사회주의 부문이다. 혼합 비율은 다르겠지만 모든 국가는 현실적으로 자본주의와 사회주의가 섞인 혼합 경제mixed economy로 운영되고 있다.

자유주의만으로는 개인이나 집단 간 이해관계가 부딪히는 공동의 갈등 문제를 해결할 수 없다. 개인뿐만 아니라 공동체의 소중함을 함께 인식하고, 자신만이 아니라 다른 사람 및 생명의 소중함을 인정해야 한다. 자신의 권리만큼 타인의 권리를 존중하면서 함께 살아가는 '상생의 원리'를 적용할 때 자유주의의 한계를 해결할 실마리를 찾을 수 있을 것이다.

같이 읽어 보면 좋은 개념 | **인권** 170 | **정의** 220 | **민주주의** 067

전쟁 싸울 전 戰, 다툴 쟁 爭

갈등과 분쟁, 전쟁의 관계

갈등은 분쟁으로, 분쟁은 전쟁으로 발전할 수 있다. 갈등葛藤이 개인 또는 집단 사이에 목표나 이해관계가 달라 충돌하는 것이라면, 분쟁紛爭은 갈등보다 규모가 큰 싸움으로 말썽을 일으켜 시끄럽고 복잡하게 다투는 것이다. 분쟁은 직접적이고 물리적 타격이 동반된 분쟁과 정신적인 싸움인 말다툼의 분쟁이 있다.

세계에서 일어나는 분쟁들은 단일 요인으로 발생하기보다는 복합적인 요인들이 작용하여 발생한다. 그 요인들은 영토(국경, 자원), 종교·정치적 이념 및 이데올로기, 민족(종족, 부족), 분리(자치, 독립), 정쟁(정권 장악, 반독재, 민주화 등 국내 정치 세력 간의 권력 투쟁), 개입(적대적 국가 또는 정부 등장을 막기 위한 인접 국가의 개입), 패권 추구(영향력 확대, 군비 경쟁, 지역 안정), 탈냉전(1989년 이후 사회주의 체제 붕괴와 관련된 분쟁), 식민 유산 및 전후 처리(식민지 상태로부터 해방 및 1, 2차 세계 대전 승패에 따른 처리)로 분류된다.◆212

나라에서 정치와 외교를 통해 분쟁을 해결하지 못하면 분쟁의 여러 문제가 뒤섞여 전쟁이 발생한다. 전쟁戰爭은 '국가와 국가, 또는 교전 단체 사이에 무력을 사용하여 싸우는 것'이며, 무력 충돌로 '1년에 1천 명 이상의 사망자 발생'이라는 조건을 충족했을 때를 말한다. 다시 말해 전쟁이란 '서로 대립하는 두 개 이상의 국가 또는 집단이 정치적 목적을 달성하기 위해 군사력과 모든 수단을 써 자기 의지를 상대에게 강요하는 조직적인 폭력 행위'이다.◆213

인류는 오랫동안 전쟁이 불가피하다고 여기며 생존 경쟁의 한 형태로 받아들였다. 심지어 전쟁을 문명이 발전하는 동력으로 보며 군의 숭고함과 전쟁을 찬미하기도 했다. 이러한 군사주의적 현상 때문에 평화가 인간 문명의 존재 기반으로 자리잡는 데는 한참의 시간이 걸렸다. 전쟁을 정당화하는 사람들은 전쟁이 새로운 정의와 질서, 안전을 가져올 거라고 주장했지만, 사람을 죽이는 일에 직간접적으로 관여하면서 자신과 가족, 국가의 안녕을 추구하는 것은 자기기만이자 위선에 다르지 않다. 역사가 증명하듯 전쟁은 결코 평화를 낳지 못했다. 전쟁은 폭력이기 때문에 항상 권력관계 속에서 새로운 억압적 질서를 만들어 낸다. 전쟁은 승자와 패자를 구분 지어 승자 중심으로 세계를 재구성한다. 또한, 전쟁의 승자는 또 다른 전쟁을 통해 자신의 권력을 유지하고자 하였다. 특히 강대국들의 끊임없는 권력 추구는 새로운 전쟁으로 이어지곤 했다.◆214

『전쟁의 탄생』이라는 책은 20세기에 일어난 여덟 개의 주요 전쟁을 다루면서 '20세기에 전쟁을 시작한 어떠한 국가도 승리하지 못했다'는 결론을 내렸다. 제1차 세계 대전(1914년~1918년)과 제2차 세계 대전(1939년~1945년)을 일으킨 독일은 굴욕적인 패배를 당해 항복했고 히틀러는 자살했다. 일본 역시 패전의 책임을 져야 했고, 1950년 남침한 김일성 역시 적화 통일의 목적을 이루지 못했다. 미국은 베트남 전쟁(1960년~1975년)에 뛰어들었지만, 공산화 통일을 막지 못했고, 아랍 국가들은 네 차례(1948년, 1956년, 1967년, 1973년)나 이스라엘을 공격했지만, 자신의 영토만 빼앗겼다. 선제공격으로 인도를 응징하려 했던 파키스탄은 방글라데시를 잃었고, 이란(1980년~1988년)과 쿠웨이트(1990년)를 공격했던 이라크의 사담 후세인은 승리하지 못했다. 인종 청소를 벌였던 세르비아의 밀로셰비치는 감옥에서 그의 생을 마쳤다. 이라크나 아프가니스탄에서 미국의 전쟁도 결정적인 승리라고 단정하기 어렵다. 이러한 결론은 전쟁을 감행하려는 이들에게 던지는 묵직한 경고다.◆215

전쟁의 원인

분쟁 없는 평화로운 사회를 만들기 위해 전쟁의 원인에 관한 연구는 활발히 이루어졌다. 어떤 학자는 전쟁의 원인을 인간적 차원에서 찾으려고 했고, 어떤 학자는 인간이 통제할 수 없는 다른 물리적 힘을 근본 원인으로 찾으려 하기도 했다. 케네스 월츠Kenneth Waltz는 전쟁을 인간적 수준, 국가·사회적 수준, 국가 체제적 수준으로 분석했다. 인간적 수준에서 전쟁은 인류 생존 경쟁의 한 형태이며, 인간의 잘못된 성격이나 판단에 따라 발생한다고 하였다. 인간의 왜곡된 인식과 좌절감이 전쟁을 유발하고, 정책 결정자가 자국의 능력이나 상대국의 능력을 잘못 인지하게 되면 전쟁이 발생하게 된다는 것이다. 존 헤르츠John Herz는 국내 정치에서와 달리 국제 정치 체제에서는 행위자를 감시하거나 통제하는 기관이 없어서 어느 한 국가가 다른 국가들보다 강해지려고 하는 가운데 필요 이상의 악순환이 반복되면서 전쟁이 발생한다는 이론을 제시했다. 한편 오르간스키Organski는 세력 전이 이론을 주장하며 힘의 균형이 안정적으로 유지되는 상황보다 깨지는 상황, 즉 2위 국가가 1위 국가로 전환하려고 할 때 전쟁이 발생할 가능성이 높아진다고 했다.◆216

한편, 존 스토신저John G. Stoessinger는 전쟁이 인간에 의해 시작되었음에도 그러한 요소를 무시하고, 오히려 인간이 통제할 수 없는 다른 힘을 근본적 원인으로 평가하려는 기존의 이론들을 비판했다. 그는 전쟁 발발에는 많은 요인이 작용하지만, '국가 지도자의 성격과 잘못된 인식'에 초점을 맞추었다. 사실상 모든 경우에 있어 지도자의 성격은 전쟁 발발과 평화 유지를 가르는 중요한 요인이라는 것이다. 전쟁을 일으키는 대부분의 국가 지도자의 자화상에는 공통점이 존재했는데 첫째, 자신의 힘을 과신하고 단기 결전을 통해 승리할 수 있다고 생각했다. 지도자와 지도부가 신속하고 결정적인 승리에 대한 낙관주의에 빠지게 되면 전쟁 가능성이 높아진다. 둘째, 상대편에 대한 왜곡된 시각을 갖고 있었다. 상대방에 대한 불신이나 증오, 문화적 멸시는 객관적 판단을 어렵게 만든다. 상대를 객관적으로 보지 못함으로써 잘못된 정책 결정을 하게 되는 것이다. 셋째, 적이 자신을 공격할 것이라는 두려움을 갖고 있었다. 양측의 지도자가 둘 다 이와 같이 상대방의 의도를 인식했다면 전쟁은 필연적으로 발생할 확률이 높다. 넷째, 적의 능력을 잘못 인식했다는 점이다. 전쟁은 한 국가가 다른 국가의 힘을 잘못 인식할 때 일어나고, 지도자의 잘못된 판단으로부터 전쟁이 일어날 확률은 커진다.◆217

정신과 의사이자 문명 비평가인 지그문트 프로이드Sigmund Freud는 전쟁의 원인이 단지 제도적 실패라기보다는 대중들의 증오와 폭력적 충동 때문이라고 분석했다. 즉 평화를 이루고 유지하려면 어떠한 제도 속에서도 인간의 파괴적 본능 억제를 위한 끊임없는 노력이 필수적이라는 것이다. 1945년 11월 발의된 유네스코 헌장도 '서로의 풍습과 생활에 대한 무지'로 인해 세계 시민 사이에 발생한 '의혹과 불신, 불일치'가 전쟁의 근본 원인이었다고 보았다.◆218 즉 "전쟁은 인간의 마음속에서 생기는 것이므로, 평화의 방벽을 세워야 할 곳도 인간의 마음속이다."라고 하였다.

6·25 전쟁(한국전쟁)

미국과 소련에 의해 한반도가 강제 분할되고 남한과 북한에 각각 정부가 세워진 후, 38도선 부근에서는 크고 작은 군사적 충돌이 끊이지 않았다. 조선민주주의인민공화국의 김일성은 '적화 통일(상대방 정부를 무너뜨리고 공산주의 체제로의 통일)'을 이루기 원했고, 대한민국의 이승만은 '북진 통일(무력을 동원해서라도 38선을 넘어 북으로 진격해 통일)'을 이루기 원했다. 남북한 모두 상대방을 붕괴시켜 흡수통일하려 했다. 38도선을 사이에 두고 자주 총격전이 벌어졌다.

당시 국제 정세는 미국과 소련을 중심으로 냉전이 갈수록 심해지면서 한반도에 긴장이 높아져 갔다. 북한에 주둔한 소련이 철수했기에 미국도 1949년 6월 한국에 있던 미군을 철수했다. 1949년 8월 29일 소련이 핵 실험에 성공하고, 1949년 10월 10일에 중국에도 공산 정권이 탄생한다. 1950년 1월 12일에는 미국이 그동안 군사적으로 보호했던 태평양 지역 나라들 가운데 우리나라와 타이완을 뺀다는 '애치슨 선언'을 발표했다.◆219 소련의 스탈린은 북한 김일성에게 국제 환경과 국내 상황이 모두 조선 통일에 유리한 상황으로 바뀌었다고 강조했다. 김일성은 이 기회를 이용해 남한을 무력으로 통일한다는 계획을 세웠다. 스탈린은 북한의 남침 계획을 승인하며 협조를 약속했고, 중국 마오쩌둥도 미국이 전쟁에 개입하여 전세가 불리해질 경우 참전할 것을 약속했다.

북한의 침략으로 1950년 6월 25일에 시작된 전쟁은 1953년 7월 27일 정전 협정을 맺을 때까지 3년이 넘게 계속되었다. 6·25 전쟁을 시기별로 나누어 살펴본다면 첫 번째 시기는 북한이 서울을 3일 만에 점령하고 경상남도 일대를 제외한 남한의 거의 모든 지역을 차지했을 때이다. 군인, 경찰, 학도병 모두가 힘을 합쳐 낙동강 방어선을 지키기 위해 목숨 바쳐 싸우는 동안 국제 연합UN에서는 안전 보장 이사회를 열어 미국을 비롯한 16개 나라로 이뤄진 유엔군을 한국에 보내기로 한다.◆220

두 번째 시기는 1950년 9월 15일 유엔군의 인천 상륙 작전이 성공하면서 9월 28일 국군과 유엔군이 서울을 되찾고 10월 26일 압록강까지 밀고 올라갔던 때를 말한다.◆221 이승만은 국군의 작전 지휘권을 미군에게 넘긴 상태였고, 이승만 정권과 미국은 38선을 복구하는 데서 멈추지 않았다. 북한 지역으로 진격해 올라가면서 이 기회에 북한 공산주의 세력을 무너뜨리고자 했다. 미국의 트루먼은 북진을 승인했다.◆222

세 번째 시기는 중국이 위기에 몰린 북한을 돕기 위해 6·25 전쟁에 참전하면서 시작된다. 중공군 수십만 명의 공격에 밀려 유엔군과 한국군은 북한의 홍남에서 철수하고 1951년 1월 4일에 서울을 다시 빼앗긴다. 1951년 초에 소련 공군도 전쟁에 끼어들었고 세계대전으로 번질 가능성이 높아지자 미국과 소련의 고민이 깊어졌다. 결국 1951년 6월 23일 소련이 유엔을 통해 휴전 협정을 맺자고 제의한다.◆223

네 번째 시기는 1951년 7월 10일부터 휴전 회담을 시작하여 휴전 협정(정전 협정)을 맺은 1953년 7월 27일까지다. 회담 기간 한 치의 땅이라도 더 차지하기 위해 치열한 전투가 계속되었고, 결국 미국, 중국, 북한에 의해 휴전 협정이 맺어지면서 38선 대신 휴전

선으로 남북은 다시 둘로 나뉘었다. 이승만은 북진 통일을 위해 휴전에 반대했고, 전쟁을 끝내는 것을 의미하는 평화 협정은 맺어지지 못했다.

한국전쟁은 표면적으로는 남한과 북한의 전쟁이었지만, 미국과 소련이 해야 할 전쟁을 대신한 '대리전쟁'으로 보기도 한다.◆224

6·25 전쟁(한국전쟁) 피해

1950년 6월 25일부터 1953년 7월 27일까지 3년 1개월간 진행된 남북 간 전쟁은 천문학적인 물리적 피해를 남겼다. 남한과 북한에 있는 대부분의 산업 시설은 파괴되었고, 많은 주민은 갑작스럽게 터전을 잃었다. 수백만의 사람들이 피난민이 되었고, 빈곤과 굶주림으로 생존 위기에 직면했다. 엄청난 생필품 공급 문제도 생겼다. 전쟁으로 인한 이산가족 수는 1,000만 명, 전쟁고아는 10만 명에 이를 정도였다. 전쟁 피해는 경제와 산업의 물리적 파괴에 그치지 않았고, 수많은 사람이 정신적·육체적 폭력과 살육을 당했다.◆225

6·25 전쟁 기간 동안 남한을 인민군이 점령했다가 국군이 되찾

는 일이 반복되자 남아 있던 민간인들은 총을 든 인민군이나 국군의 눈치를 볼 수밖에 없었다. 그런데 인민군이 들어오면 국군을 반겼던 사람을 반동분자로 몰았고, 국군이 들어오면 인민군을 돕거나 접촉이 의심되는 사람까지 빨갱이로 몰아 무참히 죽였다.◆226 미국은 3년간의 전쟁 기간에 민간인 희생자는 전혀 고려하지 않고 융단 폭격을 가했다. 공습으로 광범위하고 지속적인 소이탄과 파괴 폭탄이 투하되었고, 들판에서 일하던 농민들은 종종 기관총 세례를 받았으며, 전쟁 막바지에는 북한의 큰 댐들을 파괴했다.◆227

한국전쟁에 관한 여러 백과사전에는 이 분쟁에 참여한 나라들이 도합 400만 명의 사상자를 냈다고 적혀 있다. 그중 최소 200만 명은 민간인이었다. 이러한 민간인 사상자의 비율은 제2차 세계 대전이나 베트남 전쟁보다도 더 높다. 커밍스Bruece Cumings는 『한국전쟁THRE KOREAN WAR』이라는 저서에서 남한의 사상자가 131만 2,836명, 북한의 사상자가 200만 명, 사망한 미군은 3만 6,940명, 부상당한 미군은 9만 2,134명, 행방불명된 미군은 8,176명, 중국군 병사 인명 피해는 대략 90만 명이라고 기록했다.◆228 북한은 2014년 11월 「자체 인권 보고서」를 통해 한국전쟁 시기에 북한 주민 123만 명이 목숨을 잃었다고 밝혔다.◆229 '국가 기록원' 자료에는 6·25 전쟁 인명 피해가 한국군 621,479명, 유엔군 153,959명, 북한군 607,396(미군 자료에는 801,000)명으로 기록되어 있다.◆230

비극은 사망자가 수백만에 달했던 전쟁이 아무것도 해결하지 못했다는 것이다. 양측 모두 사실상 승리를 거두지 못했다. 게다가 분단은 영토 분단, 체제 분단을 넘어 마음 분단으로 더 강화되었다. 38선 대신 휴전선(군사 분계선), 남방 한계선, 북방 한계선, 민간인 통제선이 겹겹이 생겼고, 군사 분계선에서 남쪽으로 2km, 북쪽으로 2km, 사방 4km 폭의 비무장 지대가 한반도의 허리를 가로지르게 되었다. 전쟁 이후에도 분단된 한반도에서 직접적인 물리적 충돌 및 무장 침투, 납치, 테러 등이 일어났고, 남북한 모두 세계에서 최상위 수준의 '폭력 비용(국방비 지출과 무기 생산 등 군사와 관련된 비용)'을 지출하고 있다.

전쟁 예방과 평화를 위한 노력

존 폴 레더라크John Paul Lederach는 '평화 구축 이론'을 발전시켜

온 대표적인 학자이면서, 세계 5대륙 25개국에서 30년 가까이 평화 구축 실천가로 활동해 왔다. 레더라크에 따르면 냉전 기간의 거의 모든 전쟁을 분석했을 때, 강대국은 직접적으로 자신의 영토 내에서 무력 갈등에 참여하지 않았고, 강대국에 의존하는 국가들을 통해 전쟁을 수행했다. 이 때문에 무력 갈등은 대부분 가난한 개발도상국의 영토에서 발생했다. 또한, 전쟁은 무기 산업을 위해 존재해 왔다. 무기를 생산하는 국가와 무기를 생산하고 취급하면서 큰 이윤을 남기고 있는 무기 거래상, 대형 무기뿐만 아니라 소형 무기를 취급하며 큰 이득을 취하는 독자적인 무기 거래 산업 및 시장이 전쟁을 부추긴다.◆231 그리고 반드시 우리가 인정해야 할 것은 전쟁이 '장기 국면의 무력 갈등 구조'라는 점이다. 이 때문에 무력 갈등 구조를 운용하는 사람들과 이 구조가 뿌리를 두고 있는 환경에 대한 포괄적인 접근 방식을 취해야만 갈등을 전환할 수 있다.◆232

무엇보다 레더라크는 무력 갈등이 큰 전쟁으로 발전하는 것을 예방하기 위해서 '적대자들 사이의 관계 구축'이 중요하다고 하였다. 즉 과거의 원한을 갖고 있음에도 폭력의 악순환에서 벗어나기 위해 상호 의존성을 높여 가야 한다는 것이다. 결국 어느 한 집단이 단순히 자신의 뜻을 관철시키거나 상대편의 의지를 꺾어 버릴 수 없다는 사실을 인정하고, 자신의 목표를 이루기 위해 협력하려 할 때 협상이 가능하다. 이 때문에 '관계'가 갈등 전환의 핵심이라는 것이다. 따라서 사회의 다양한 수준에서 대립하는 사람들을 함께 불러 모으거나, 사람들 간의 만남의 기회 및 공간을 제공하는 것, 사람들로 하여금 자신의 아픈 과거를 표현하게 하는 것, 동시에 함께 상호 의존적인 미래를 그릴 수 있게 돕는 과정들을 통해 화해를 확산하는 것이 필요하다.◆233

국제기구 유네스코는 전쟁이 인간의 마음에서 생긴다고 보았으며, 전쟁을 방지하고 평화를 이룩하려는 노력도 인간의 마음속에서 찾아야 한다고 보았다. 따라서 인류에게 평화의 마음을 심어 주기 위한 교육을 구체적으로 실행하기 위해 유네스코 학교에서 '국제 이해 교육'을 시작하였다. 국제 이해 교육은 타국의 문화 이해와 협력 강화를 중시하며 우리의 삶이 다른 나라 및 세계와 연관되어 있음을 이해하도록 돕는 교육이다. 한편 서독은 '정치교육(민주시민교육)'과 '평화교육'을 통해 국민 통합을 이루고 동서독 간 적대와 대결을 극복해 갔다. 독일인들은 자신들의 암묵적 동의가 나치 정권의 학살과 세계 대전이라는 참담한 역사를 남겼다는 공감대 속에서 정치적 사안을 이해하고 판단 능력을 갖추도록 하는 정치교육의 필요성을 인식했다. 또한, 평화교육을 통해 폭력과 전쟁으로부터의 해방, 상호 이해와 화해, 공존을 지향하는 이념을 확산시켰다. 분쟁기 동안 북아일랜드는 '상호 이해 교육'과 '통합교육'을 통해 분단 극복과 평화를 향한 교육적 노력을 기울였다. 상호 이해 교육이 정부 주도의 공유 교육으로 이어진 반면, 통합 학교는 시민 교육 운동으로 설립되어 종파가 다른 아이들과 청소년을 한 학교에서 교육하며 서로 다른 전통을 인정하고 그에 대한 표현을 장려하는 교육을 목표로 했다.◆234 한국 사회는 반전 운동(모든 형태의 전쟁에 반대하는 운동), 군축 운동(군사력을 양적으로 줄여 죽임의 문화를 살림의 문화로 바꾸자는 운동), 징병제 폐지 운동(양심적 병역 거부 운동), 평화적 갈등 해결, 사회적 약자를 보호하고 지원하는 사회 운동, 통일운동과 평화 운동 등으로 평화를 위해 노력하고 있다.

같이 읽어 보면 좋은 개념 **분단** 102

정의 바를 정正, 옳을/순응할/뜻/착할/공정할 의義

정의의 의미와 분류

인류 역사 속에서 '정의'라는 주제는 끊임없는 논쟁거리로 다뤄졌다. 여전히 세상과 인간의 삶 속에는 불의한 일이 수없이 많지만, 역사의 긴 흐름은 정의를 구현하기 위한 방향으로 향했다. 세계 여러 나라의 민주화 운동도 정의를 실현하는 과정이었다. 사전적으로 '정의正義'라는 말의 뜻은 진리에 맞는 올바른 도리, 개인 간의 올바른 도리, 또는 사회를 구성하고 유지하는 공정한 도리를 의미한다. 따라서 정의란 무죄와 유죄, 옳고 그름에 대한 문제이고, 인간의 미덕과 악행, 권리와 의무에 대한 본질적인 추구라 할 수 있다. 조금 더 구체적으로 "정의란 무엇인가?"라는 질문은 '무엇이 올바른 삶의 방식인가? 어떤 선택을 해야 하는가? 나는 어떻게 행동해야 하는가?'와 관련된 인간 사회의 기본적인 물음이다.◆235

역사상 수많은 철학자는 정의를 최고의 인생 덕목으로 여기며 정의로운 사회를 이루는 것을 최고의 과제로 인식했다. 특히 정의에 관해 다음과 같은 질문이 중요한 주제로 다뤄졌다. ① 정의란 무엇인가? ② 정의는 개인과 사회에 무엇을 요구하는가? ③ 사회에서 부와 재화의 공정한 분배 기준은 무엇인가? 정의를 구현한다는 것은 '공평', '공정'의 문제와 밀접히 관련이 있는 문제였고, 사회생활에서 공평하거나 공정하지 못하다고 생각되는 것이 시정되어 이루어진 상태가 정의가 구현된 상태로 여겨졌다. 정의를 공정함이라고 말할 때 현실적으로 정의는 크게 배분적 정의, 절차적 정의, 교정적 정의로 분류된다.◆236

첫째, '분배적 정의'는 사회 구성원들 사이에 발생하는 경제적 생산물을 분배하거나 상호 간에 나눌 때 그러한 분배가 공정한가 아닌가를 고려하는 문제이다. 이때 분배의 대상에는 이득, 부담, 손해가 모두 포함된다. 급여, 점수, 발언권, 투표권 등은 이득의 형태이고 세금, 숙제, 노동 등은 부담의 형태이다. 이러한 이득과 부담,

손해를 누구에게 어떻게 분배하고 분담시키는 것이 공정한가의 문제는 끝없는 난제다.

둘째, '절차적 정의'는 분배나 판단 기준 자체보다는 분배와 판단을 위한 절차와 결정 과정이 공정하고 합리적인가를 다루는 문제이다. 어떤 사건이나 분쟁의 실체적인 내용을 판단하는 과정에서도 증거나 정보를 수집하는 과정, 판단 과정이 공정한 것인지를 중시한다. 절차적 정의에 따르면 사람들이 공정한 절차에 대해 합의하여 그 절차를 통해 이루어진 결과라면 그것은 정당하다고 인정한다.

셋째, '교정적 정의'는 어떤 잘못에 대한 처벌을 부과하거나 피해배상을 요구하는 경우에 그러한 처벌이나 배상이 공정하고 합리적인가를 다루는 문제이다. 어떤 잘못에 대해 처벌이 너무 가혹하거나 모자라는 것, 피해에 대해 보상이 너무 지나치거나 부족한 것 모두가 정의로운 것이 아니다. 또한, 특정한 사람이나 집단 사이에 피해와 관계 훼손이 일어났을 때 그것을 어떻게 해결할 것인가와 관련된 문제이다.

인간은 사회적 존재이고 사회 제도의 영향을 받으며 살아가므로 사회 제도는 사회 정의를 추구해야 한다. 사회 제도가 정의롭지 않으면, 차별 대우를 받거나 억울한 사람들이 생겨 원하는 바를 이룰 수 없고 평화로운 삶을 누리지 못하게 된다. 따라서 사회 제도는 공정하게 운용되어야 하고, 불공정한 제도는 개선하도록 노력해야 한다.

정의를 이해하는 세 가지 관점

철학과 법학, 신학에서 정의의 문제에 관한 수많은 질문이 격렬한 논쟁의 주제였다. 정의를 이해하는 관점을 크게 세 가지로 나눈다면 행복·자유·미덕의 관점이 있다. 먼저 '행복 극대화의 관점'은 시장 중심주의 사회에서 가장 보편적으로 정의를 이해하는 방법이다. 정의로운 행위는 공리(공동체 전체의 이익과 행복)를 극대화하는 일이며 공동체 전체적인 복지 또는 행복의 합산량을 최대화하는 일이라면 무엇이든 해야 한다는 철학을 갖고 있다. 다음으로 '정의를 자유와 연관 짓는 관점'은 개인의 권리를 존중하고 인권을 정의의 가장 중요한 요소로 보는 정의론이다. 세계적으로도 정의는 보편적 인권을 존중하는 것이라는 생각이 힘을 얻고 있다. 이러한 관점은 공정주의나 공평주의 진영과 대립한다. 마지막으로 '정의를 좋은 삶과 연관 짓는 관점'은 개인의 자유가 조금 희생되더라도 공동체 생활의 미덕과 공공의 선을 위해 공동체적 질서에 순응해야 하며 정치는 공동선을 추구해야 한다는 시각이다. 도덕적·종교적 이상을 바탕으로 정의에 대한 시각을 갖고 있어서 보수적인 경향을 띤다.◆237

철학자들의 정의에 대한 다양한 개념과 표현을 몇 가지 살펴보면 다음과 같다. 첫째, '조화로서의 정의'다. 플라톤Plato은 지혜, 절제, 용기를 인간의 세 가지 덕德이라고 했는데, 정의란 이 세 가지 덕이 조화롭게 기능을 발휘할 때의 상태라고 하였다. 또한, 개인의 덕을 달성하는 것만으로 정의가 실현되지 않으므로, 철인哲人(어질고 사리에 밝은 사람)이 통치하는 도덕 국가에서 국가 윤리가 확립될 수 있다고 보았다. 둘째, '자연법으로서의 정의'다. 존 로크John Locke는 정의를 자연법(자연히 존재해 언제 어디서나 유효한 보편적이고 불변적인 법칙)의 일부로 보았다. 자연법은 철저한 인과 관계가 적용되는 절대적인 개념인데 인간이 정의를 잘못 이해하고 잘못된 규정이나 법령 따위를 만들어 인간 사회의 질서가 진정한 본질과 배치될 수 있으므로 저항권이 필요하다고 보았다. 셋째, '인간 창조물로서의 정의'다. 이것은 정의를 조화의 발견이나 자연법칙으로 보는 것과 달리, 인간이 창조한 개념으로 본다. 대표적으로 인간 창조물로서의 정의는 법으로 나타난다. 넷째, '권위적 명령으로서의 정의'다. 토마스 홉스Thmas Hobbes는 강제력 있는 공권력에 의해 생성된 것을 정의로, 당국이 금지한 것을 위배하는 행위를 불의로 보았다. 사회에서는 조직이나 단체의 수장이 내리는 권위적 명령으로 정의가 나타난다는 시각이다. 다섯째, '상호 합의로서의 정의'다. 사회 약설로 이해관계에 있는 모든 사람이 자유로운 사회적 합의로 편견을 배제하고 공평하게 도출한 계약이라면 정의롭다고 보는 것이다.◆238 이 외에도 공리주의자 제레미 벤담Jeremy Bentham은 다수의 이익과 행복을 사회적으로 최대화하는 것이 정의라고 하였다. 반면 존 롤즈John Rawls는 이를 비판하며 다수의 횡포에 의해 소수의 권리가 침해될 수 있음을 지적하면서 평등과 기회균등처럼 공정한 절차에서 나오는 '절차적 공정으로서의 정의'를 주장했다. 그러나 『정의란 무엇인가』라는 책으로 유명해진 정치 철학자이자 하버드대 교수 마이클 샌델Michael Sandel은 벤담과 롤스의 정의론을 모두 비판하며 공동선을 추구하는 '공동체주의적 정의론'을 주장했다. 이처럼 철학자들 사이에서도 정의의 개념은 서로 달랐고 누군가 주장한 정의도 비판받으며 뜨거운 논쟁거리가 되었다.

사법적 정의

많은 구성원으로 이루어진 사회는 어쩔 수 없이 수많은 갈등이 생기기 마련이다. 이러한 사회적 갈등 속에서 정의는 옳고 그름에 대한 도덕적 판단과 사회 질서의 근본 원리가 된다. 사회 정의는 올바름을 추구하면서도 공정함에 어긋나지 않는 원칙과 구조, 제도를 만들고 이를 적용하는 것이다.◆239 현대 사회에서 정의는 사회 정의의 유형 중에서도 일반적으로 '사법적 정의'를 말한다. 만약 자신이 억울한 일을 당하거나 처우를 받았다면 호소할 수 있는 정부 기구가 바로 사법부이다.

법은 공동체 사회에서 정의를 직접 실현하는 것을 목적으로 한다. 헌법은 국가적 수준에서 정의가 살아 있음을 천명하는 것이고, 모든 사람은 법이 함께 지켜야 할 사회적 약속이라는 것을 알고 있다. 따라서 정의는 법의 이념이고, 법은 정의의 구체적인 표현 내용이 된다. 또 다른 한 편으로 법의 강제력은 잘못을 일으킨 사람과 그 사회 구성원 모두에게 불의를 피하게 하는 예방적 기능이 있다. 그러므로 공동체 생활에서 법은 정의를 실현하기 위한 대표적인 수단이 되기도 한다. 그러나 오늘날의 입법 구조를 보면 법은 다수결을 원칙으로 하는 타협의 산물이기 때문에 법의 내용이 항상 명백하고 당연하게 정의의 징표가 되는 것은 아니다.◆240

사법적 정의에 따르면, 잘못의 정도에 따라 공정하고 합리적인 처벌의 정도가 정해져야 한다는 '처벌의 형평성'이 실현될 때 사회 정의가 실현될 수 있다. 현행 형사 사법은 '사회 보호적 정의'를 통해 사회 질서를 유지하는 것이라 할 수 있다. 현대의 국가는 형법을 통해 사회 질서 유지를 해치는 행위의 유형을 규정하고 그러한 행위를 저지른 구성원에게 그에 따른 책임을 산정하여 형벌을 부과함으로써 그 책무를 행하고 있다. 따라서 현행 형사 체계에서 범죄의 의미는 사회의 존속에 필요한 사회적 가치를 침해하는 행위를 말한다. 형벌은 범죄의 의미와 범죄자의 사회적 책임을 확인하고 범죄자뿐만 아니라 일반 구성원에게 이러한 사회 질서 침해 행위를 하지 않도록 예방하는 것을 목표로 한다.◆241

형사 사법에서의 정의는 절차적 정의와 실체적 정의로 구분하여 논의된다. 먼저 '절차적 정의'는 판정자의 선입관 배제, 증거에 기반한 합당한 근거지움, 인간 존엄 존중, 절차적으로 공정하고 동등한 대우와 같은 것들이 이에 해당한다. 다음으로 '실체적 정의'는 범죄 행위자의 불법과 책임 정도에 따라 그에 상응하는 형벌적 제재를 부과하여 처벌의 형평성을 실현하는 것을 의미한다. 사법적 정의는 국민의 정의 관념을 충분히 반영하고 있을 때, 법적 정당성을 확보할 수 있다. 만약 법 적용이 평등 원칙에 어긋난다면 사회 집단의 동의를 잃게 되어 부당한 것으로 여겨질 수 있다. 형법은 구성원 간의 갈등에 언제나 개입할 수 있는 것이 아니고, 사회 내의 모든 법익을 보호할 수도 없다. 구성원 간의 갈등으로 인한 어떤 행위가 범죄로 규정되어 있고, 이에 대한 형벌이 예상되어 있다고 하더라도 실제 갈등 시에는 비형법적 수단으로 해결 방안을 모색하는 것이 우선시 되어야 한다. 형벌은 그러한 해결 방안 모색이

실패하였을 때 최후에 개입하는 것이므로 형법은 사회 정의를 위한 부분적 수단이다.◆242

회복적 정의

앞서 살펴봤듯이 사법을 통해 구현하고자 하는 것은 정의正義고 형법에서 범죄는 사회 질서 유지를 해치는 행위로서 국가에 대한 공격이다. 즉, 사법 시스템에서 범죄는 법 위반과 유죄로 정의되고 국가에 대한 침해로 간주하므로 범죄 행위로 생겨난 문제들을 해결하는 방식에서도 범죄 행위를 한 가해자와 국가의 대처에 초점이 맞춰진다. 이 과정에서 범죄 행위와 처벌 수위에 관심을 쏟는 사이, 정작 피해자는 관심 밖으로 밀려나게 되고 제삼자인 법률 전문가의 해결 과정을 단지 참여자로 지켜볼 수밖에 없다. 결국 피해자는 본인의 요구가 만족하지 않더라도 사법 기관이 내린 결론을 받아들일 수밖에 없다. 이러한 서구의 사법 시스템의 한계가 지적되면서 1970년대부터 '회복적 정의'라는 새로운 정의의 패러다임이 등장했다.◆243

회복적 정의는 범죄와 처벌에 대해 사법적 정의와 다른 이해와 철학으로부터 출발한다. 사법적 정의는 가해자의 범죄 행위에 적절하고 공정한 처벌이 무엇인지를 찾아 응당한 처벌을 하는 응보적 개념에 기초하고 있는 정의다. 따라서 '누가 범인인가?', '어떤 죄를 지었는가?', '어떻게 처벌할 것인가?'라는 질문에 대한 답을 찾는다. 이에 반해 회복적 정의는 범죄 행위로 발생한 피해 복구와 깨어진 관계에 대한 책임 있는 변화가 중요한 요소가 되는 회복적 개념에 기초하고 있는 정의다. 그러므로 '누가 피해자인가?', '어떤 피해가 발생했는가?', '피해를 복구하기 위해 무엇이 필요한가?'에 대한 답을 찾는다. 회복적 정의 관점에서 범죄는 국가가 만들고 지키도록 강제한 법에 대한 위반 행위로 이해되는 것이 아니라, '한 개인이 다른 개인에게 해를 끼치는 피해 행위'이며 '다른 사람과의 관계를 깨뜨린 것'이다. 따라서 사법적 정의가 가해자의 처벌을 목표로 하고 강제적 책임을 수행하게 하며 처벌 기관의 권한을 강화하는데 초점이 있는 것과 달리, 회복적 정의는 피해자의 회복을 목표로 하고 자발적 책임을 강조하며 당사자와 공동체의 역할을 강화하는 데 초점이 있다. 다시 말해 회복적 정의는 정의를 구현하는 초점이 범죄 행위와 그에 합당한 처벌을 찾는 데 있지 않고, 범죄로 인해 발생한 다양한 요구를 어떻게 채우느냐에 있다. 그 요구란 피해를 본 모든 사람의 상처를 최대한 아물게 하고 회복시키는 것이다. 이를 위해 피해자와 가해자, 주변 사람들, 더 나아가 그 범죄와 관련하여 영향을 받은 사람들 모두가 주체적으로 문제 해결을 위해 참여하게 된다.◆244

피해자에게 정의의 경험은 매우 중요하고 여러 가지 의미가 있다. 피해자는 자신에게 일어난 일이 잘못되었고 정당치 않으며 불공정하다는 것에 대한 확인이 필요하다. 또한, 자신이 겪은 괴로움과 범죄의 진실을 이야기할 기회가 필요하고, 이를 들어 주고 확인해 줄 사람이 필요하다. 그리고 잘못을 바로잡는 조치와 범죄 재발 우려를 막기 위한 조치가 취해지고 있는지에 대해서도 그 처리에 대한 정보와 함께 알 필요가 있다. 피해자는 물질적 배상과 함께 범죄가 부당한 행위였다는 인식을 공감받아야 하고, 잘못을 바로잡는 노력을 통해 뒤틀려진 자아를 회복하고자 한다.◆245 징벌과 응보 위주의 사법 체제로는 이러한 요구가 고려되기 어려운 것이 현실이다. 따라서 회복적 정의는 피해자의 상처와 고통을 치유

할 수 있는 사법 시스템으로의 변화를 촉구한다.

회복적 사법

만약 정의롭지 못한 일이 벌어지거나 범죄가 발생한다면 정말 필요한 것은 무엇일까? 불법 행위에 대하여 어떻게 대응하는 것이 정의로운 것일까? 사법이 요구하는 것은 무엇일까? 정의를 추구하는 방식으로서 형사 사법 제도는 가해자에게 책임을 산정하여 형벌을 부과함으로써 사회 질서를 유지하고 범죄를 예방하는 중요한 장점이 있다. 그러나 형사 사법 제도가 피해자의 요구를 제대로 충족시켜 주지 못한다는 인식이 높아지면서 회복적 정의 개념에 기초한 '회복적 사법'이 등장했다.

정의를 모색하는 과정에서 형사 사법과 회복적 사법은 서로 다른 관점을 갖고 있다. 형사 사법이 '어떤 법이 침해되었는가?', '누가 침해 행위를 하였는가?', '그들이 마땅히 받아야 할 벌은 무엇인가?'에 대한 질문으로 접근하는 것과 달리, 회복적 사법은 '누가 피해를 봤는가?', '그들의 필요는 무엇인가?', '이것은 누구의 의무인가?'라는 질문으로 해결을 모색한다. 형사 사법에서 범죄는 법과 국가에 대한 침해이고, 침해로 인해 유죄가 인정되며, 사법은 국가가 죄를 정하고 처벌을 부과하도록 요구한다. 이와 달리 회복적 사법에서 범죄는 사람과 관계에 대한 침해로 인식되며, 침해로 인하여 의무가 생기고, 사법은 잘못을 바로잡기 위해 피해자와 가해자, 그리고 공동체 구성원들을 해결 과정에 참여시킨다. 즉 형사 사법의 가장 중점적인 요소가 가해자가 마땅히 받아야 할 벌을 받는 것에 있다면, 회복적 사법의 중점은 피해를 복구하면서 피해자가 필요로 하는 것과 가해자의 책임을 묻는 것에 있다.◆246

회복적 사법의 창시자로 불리는 하워드 제어Howard Zehr는 이 용어의 실천적 정의를 다음과 같이 제안했다. "회복적 사법은 가능한 한 잘못을 바로잡고 치유하기 위하여, 특정한 가해 행위에 이해관계가 있는 사람들을 최대한 관여시켜, 피해와 니즈, 그리고 의무를 함께 확인하고 다루는 과정이다." 그리고 회복적 사법의 목적은 ① 범죄로 인해 가장 많은 영향을 받은 자들에게 핵심적인 결정권을 부여하는 것 ② 사법을 보다 치유적으로, 변환을 수반하는 방식으로 운영하는 것 ③ 장래의 가해 행위 가능성을 감소시키는 것이

라고 하였다.◆247

회복적 사법의 원리는 다음의 다섯 가지로 구성된다. 첫째, 피해자의 욕구와 필요에 초점을 맞춘다. 둘째, 피해로부터 발생한 의무(공동체와 사회의 의무, 가해자의 의무)를 다룬다. 셋째, 포괄적·협력적 절차를 활용한다. 넷째, 이해 당사자(피해자, 가해자, 공동체 구성원, 사회)를 참여시킨다. 다섯째, 잘못과 피해를 바로잡기 위해 노력한다. 이러한 과정을 통해 피해자는 문제 해결 과정에 참여하고 최종적으로 만족을 얻고, 가해자는 자신의 행위가 다른 사람에게 어떤 영향을 미쳤는지 이해하고 자신의 행동에 책임을 지도록 하는 것을 목적으로 한다.◆248

회복적 사법이 모든 범죄 사건을 민사화하기 위한 사법 모델이 될 수 있는 것은 아니다. 현실적으로 어떤 사건은 너무 어렵거나 끔찍해서 직접적인 이해 당사자가 해결할 수 없는 경우도 있다. 그러나 전통적 형사 사법 시스템의 한계와 실패를 극복하기 위해 회복적 사법을 보완적으로 받아들일 필요가 있다. 회복적 사법도 형사 사법도 궁극적으로는 범죄 방지를 통한 법 공동체의 평화 정착을 목표로 한다.◆249 회복적 사법이 기본 규범이 되고, 형사 사법이

예비적·대안적 역할을 하게 된다면 사법의 접근 방식이 보다 회복 지향적으로 되는 날이 올 수 있을 것이다.

같이 읽어 보면 좋은 개념 자유 189 | 민주주의 067

ㅌ

통일

통일의 의미

통일평화의 필요성

통일 원칙

통일방안

통일교육

통합

통합의 개념과 분야

유럽 통합 사례

독일 통합 사례

북아일랜드 통합 사례

한반도 통합 방향

통일 거느릴 통 統, 하나 일 一

통일의 의미

분단국가에서 통일 문제는 평화롭고 안전한 삶, 자유롭고 풍요로운 삶, 함께 잘사는 삶의 문제와 밀접히 연관되어 있다. 전쟁과 분단이라는 폭력을 거부하기 때문에 평화와 통일을 추구하는 것이다.

통일의 사전적 의미는 '나누어진 것들을 합쳐서 하나의 조직·체계 아래로 모이게 함'을 뜻한다. 분단과 대립하는 의미에서 통일은 일반적으로 한 민족이 두 체제 또는 두 개의 국가로 분리되었다가 하나로 재결합되는 것을 의미한다. 그러나 통일은 특정 시점에 나타나는 결과로써만 존재한다고 볼 수 없다. 통일은 어느 한 지점에서 순간적으로 일어나는 일이 아니라 과정을 포함하는 개념이다. 즉, 통일은 어느 시점에서 제도적으로 단일화되는 것만을 의미하는 것이 아니라, 그 단계까지 협력하고 통합하는 과정을 포함하는 것이다.◆250

현재 대한민국의 공식 통일방안인 '민족공동체 통일방안'에서도 통일을 3단계 과정으로 표현하고 있다. 1단계 '화해·협력', 2단계 '남북연합', 3단계 '통일국가 완성' 모두가 통일의 과정에 있다. 따라서 단계별 과정 하나하나를 작은 통일로 볼 수 있다. 또한, 남북이 대화와 협상, 평화 공존 노력을 통해 화해·협력 단계에 진입한다면 통일 과정의 시작이라 할 수 있는 것이다. 남과 북이 서로 오가고 돕고 나누면 '사실상의 통일'이라고 부르는 이유도 여기에 있다. 따라서 통일을 먼 미래에 있을 사건으로만 인식하기보다는, 평화를 위한 실천을 통해 현재 진행형으로 만들어 갈 수 있다는 점을 기억할 필요가 있다.◆251

한반도 통일의 의미는 다양한 측면으로 이해될 수 있다. 첫째, 통일은 남북이 하나의 공동체가 된다는 결과인 동시에, 하나가 되기 위해 노력하는 과정이다. 둘째, 통일은 서로 다른 남북 두 경제권의 통합을 의미한다. 셋째, 통일은 구성원 모두가 한반도 내의 어느 곳이든 자유롭게 왕래하고 평화롭게 거주할 수 있는 터전을 마련하는 것을 의미한다. 넷째, 통일은 남북한 주민이 하나의 사회·문화 공동체로서 소속감을 공유하는 것을 의미한다. 다섯째, 통일은 남북한에 세워진 두 개의 정치 체제를 통합해 단일 헌법, 단일 정부, 단일 국가를 수립하는 것을 의미한다.◆252

대한민국헌법은 전문에서 대한국민에게 '평화적 통일의 사명'이 있다고 명시하고 있다. 헌법은 제1장 제1, 2, 3조에서 국가의 3요소인 주권, 국민, 영토에 대해, 그다음으로 '통일(제4조)'과 '평화(제5, 6조)'에 대해 규정하고 있다. 그 정도로 통일과 평화는 헌법의 핵심 가치로 자리하고 있다. 또한 헌법 제1장 제4조에서 '대한민국은 통일을 지향하며 자유민주적 기본질서에 입각한 평화적 통일정책을 수립하고 이를 추진한다.'고 하였다. 이 외에도 '대통령은 조국의 평화적 통일을 위한 성실한 의무를 진다(제4장 제1절)'고 하여 대통령이 '평화적 통일'이라는 헌법적 의무를 소홀히 했을 때 헌법재판이라는 사법적 절차를 통해 의무를 강제할 수 있도록 하였다.

통일평화의 필요성

한반도가 평화롭지 못한 이유는 분단이라는 상황과 구조가 깔려 있기 때문이다. 남북 분단은 갈등과 대립, 폭력을 야기하며 전쟁 위협과 막대한 분단 비용으로 민족의 발전과 번영을 가로막고 있다. 생각해 보면 분단의 시작 자체가 국민의 의사와 상관없이 강대국에 의해 강요된 것이어서 평화롭지 못했다. 우리와 달리 나치 독일의 분단은 전쟁 범죄의 대가로 주어진 벌이었다. 분단으로 나라의 힘을 약하게 만들어 다시 전쟁을 일으키지 못하도록 하기 위한 승전국들의 조치였다. 물론 서방 연합국들과 소련 사이의 냉전 때문이기도 했다. 독일과 함께 제2차 세계 대전을 일으킨 일본은 분단되지 않았다. 대신 지정학적으로 중요한 위치에 있는 한반도가 강대국의 세력 다툼 속에 분단되었고 전쟁을 치렀다. 이후 남북은 정전 상태를 70년 넘게 지속하고 있다.

이러한 상황에서 우리의 선택지는 네 가지로 정리해 볼 수 있다. 첫 번째는 '분단폭력' 상태에서 살아가는 것이다. 분단폭력은 분단 상황이 한반도 구성원들에게 생명을 뺏고, 인권을 유린하며, 착취, 억압, 위협, 굶주림 방치 등 사람들의 마음과 몸, 생명에 상해를 입힌다. 분단이 물리적 폭력뿐만 아니라 구조적이고 문화적인 폭력도 행사하는 상태이다. 두 번째는 '분단평화' 상태로 살아가는 것이다. 전쟁을 벌여 싸우고 죽이는 일을 멈추기 위해 서로 떼어 놓고, 분리된 상태에서 싸움과 전쟁이 없도록 소극적 평화를 유지하는 상태다. 이러한 분리와 분단은 일시적인 평화를 위한 수단이 될 수 있지만, 평화적으로 관리되지 못할 때 또다시 갈등과 대립, 폭력을 생산한다. 세 번째는 '통일폭력'을 선택하는 것이다. 통일폭력은 분단의 폭력적 구조를 바꾸기 위해 구성원들의 의사에 기초하지 않고 강제로 흡수하는 방식을 시도하여 결과적으로 폭력을 확대한다. 이것은 비평화적 방법으로 통일을 성취하려는 것이며, 결과적으로 분단평화보다 못한 상태를 가져올 수 있다. 네 번째는 '통일평화'를 추구하는 것이다. 통일평화는 강압이나 물리적 폭력에 의하지 않고 구성원들이 동의하는 민주적이고 평화적인 방법과 과정을 통해 그 결과도 평화와 협력, 화합이 증진된 통일을 말한다. 따라서 한반도에 적극적 평화를 만들고 장기적으로도 흔들리지 않는 평화를 구축하기 위해 통일평화가 필요한 것이다.◆253

통일평화의 필요성을 지리적·개인적·사회 경제적·역사적 차원에서 생각해 볼 수도 있다. '지리적 차원'에서 통일은 한반도에서 살아가는 구성원 모두의 삶의 공간을 확대하고, 더 많은 기회와 더 큰 자유를 제공한다는 점에서 필요하다. '개인 차원'에서 통일은 남북을 자유롭게 오가며 이산가족의 고통을 해소하고, 전쟁의 위협에서 벗어나 평화로운 삶을 누릴 수 있게 해 준다. 막대한 국방비는 복지를 위해 사용되어 인권이 향상되고 삶의 질이 높아질 것이다. '사회 경제적 차원'에서 통일은 분단에 따른 불안정성을 벗어나 보다 성숙하고 지속가능한 발전을 가능하게 하여 코리아 디스카운트를 없애고 더 큰 경제적 성장 속에 물류와 교통, 평화의 중심지가 되어 국가의 위상을 높일 것이다. '역사적 차원'에서 통일은 남북이 공유하고 있는 역사와 문화를 회복하고, 훼손된 역사를 바로 잡는 것이다. 민족공동체로서 역량을 극대화하여 평화적이고 민주적인 방식으로 발전적인 새 역사를 창조하는 작업이다.◆254

통일은 달성해야 할 과제이지만, 수단과 방법을 가리지 않는 통일지상주의는 '통일폭력'을 가져올 수 있으므로 경계해야 한다.◆255 대한민국 정부의 공식 통일방안인 「민족공동체 통일방안」은 남북 간 급격한 통합이 가져올 충격을 고려하여 '분단평화'를 거쳐 '통일평화로' 나아가는 점진적이고 단계적인 방식을 지향하고 있다.

한편, 대한민국 성인남녀를 대상으로 한 『2023 서울대학교 통일평화연구원 통일의식조사』에 따르면 '통일이 가장 필요한 이유'에 대해 ① 남북 간 전쟁 위협을 없애기 위해(38.9%), ② 같은 민족이니까(30.6%), ③ 한국이 보다 선진국이 되기 위해서(14.3%), ④ 이산가족의 고통을 해결해 주기 위해서(10.7%), ⑤ 북한 주민도 잘 살 수 있도록(5.5%) 순으로 응답했다. 반면 '통일이 되지 말아야 할 이유'에 대해서는 통일에 따르는 ① 경제적 부담(33.9%), ② 통일 이후 생겨날 사회적 문제(28.7%), ③ 남북 간 정치체제의 차이(20.0%), ④ 남북 간 사회문화적 차이(13.3%), ⑤ 통일로 인한 주변국 정세의 불안정(4.1%) 순으로 답했다. 통일이 필요하다(43.8%)는 답변이 필요하지 않다(29.8%)는 답변보다 높게 나타났다. 그러나 2007년 조사(통일 필요 63.8%, 통일 불필요 15.1%)를 시작한 이래 통일이 필요하다는 응답 비중이 가장 낮게 하락하고, 통일이 필요하지 않다는 응답이 가장 높게 상승했다.

통일 원칙

'7·4 남북 공동 성명'은 분단 이후 남북한 정부가 통일과 관련하여 맺은 최초의 합의였다. 박정희 정부 시기 1971년 11월부터 72년 3월까지 판문점에서 실무자 정홍진(대한적십자사)과 김덕현(북한적십자사) 간에 열한 차례 비밀 접촉이 있었다. 이를 통해 72년 5월 초 이후락 중앙정보 부장이 평양을 비밀 방문하여 김일성 주석과 김영주를 만났고, 5월과 6월 사이 박성철 제2부수상이 서울을 비밀 방문하여 박정희 대통령과 이후락을 만났다. 결국 이후락·김영주가 서명하여 1972년 7월 4일 역사적인 7·4 남북 공동 성명을 서울과 평양에서 동시에 발표했다.

이 성명의 제1항은 통일 3원칙(조국 통일 3대 원칙)을 담고 있는데, 그것은 '자주·평화·민족 대단결'이다. 첫째, 통일은 외세에 의존하거나 외세의 간섭을 받음 없이 자주적으로 해결하여야 한다. 둘째, 통일은 상대방을 반대하는 무력행사에 따르지 않고 평화적 방법으로 실현하여야 한다. 셋째, 사상과 이념, 제도의 차이를 초월하여 우선 하나의 민족으로서 민족적 대단결을 도모하여야 한다. 이 세 가지는 분단 27년 만에 처음으로 합의된 통일 원칙이었고,

이후 남북한 대화와 통일 정책의 기본 지침이 되었다.

이후 1974년, 박정희 대통령은 광복절 기념 경축사 때 7·4 남북 공동 성명에서 합의한 통일 3원칙과 별도로 '평화 통일을 위한 3대 기본 원칙'을 밝혔다. 그것은 ① 평화 정착 ② 남북 대화와 교류·협력을 통한 신뢰 회복 ③ 자유 총선거에 의한 통일이다. 이것은 '선 평화, 후 통일'의 접근 방식으로, 이후에도 우리 정부 통일방안의 뼈대가 되었다.◆256

통일의 3원칙이었던 '자주·평화·민족 대단결'이 수정된 것은 노태우 정부 시기다. 노태우 정부는 1989년 9월 11일 '한민족 공동체 통일방안'을 발표하고 통일 3원칙을 '자주·평화·민주'로 수정한다. 첫째, 통일은 우리 민족 스스로 뜻과 힘으로, 그리고 남북 당사자 간의 상호 협의를 통해 이루어져야 한다. 둘째, 통일은 전쟁이나 상대방에 대한 전복을 통해서 이루어질 수 없으며, 오직 평화적으로 이루어져야 한다. 셋째, 통일은 민족 구성원 모두의 자유와 권리를 바탕으로 이루어지는 '민주적 통합'의 방식으로 이루어져야 한다는 원칙이다.◆257 '자주·평화·민주'라는 통일 원칙은 여야가 바뀌어도 계승되었다.

오랜 분단에서 비롯된 남북한의 이질성을 고려할 때 통일을 단기간에 이루는 것은 현실적으로 어렵고 급격한 통합은 엄청난 충격을 가져올 수 있다. 무엇보다 상대의 체제를 무너뜨리거나 정권을 뒤집어엎는 통일 시도는 전쟁을 불러올 수 있다. 대한민국 대통령은 헌법에 근거해 평화적 통일 정책을 시행할 의무를 갖고 있기에 공식적으로 흡수통일을 반대하고 점진적·단계적 방식의 통일을 표명하고 있다. 통일부가 발행한 『문재인의 한반도 정책: 평화와 번영의 한반도』에는 '3-No 입장(북한 붕괴를 원하지 않고, 흡수통일 및 인위적 통일을 추구하지 않겠다는 입장)'을 밝혔고, 『윤석열 정부 통일·대북정책: 비핵 평화 번영의 한반도』에도 추진 원칙에서 '윤석열 정부는 흡수통일을 추구하지 않으며'라고 명시되어 있다. 그러나 한국의 보수 세력 중에는 북한 붕괴에 의한 흡수통일을 원하거나 주장하는 사람들이 상당수 존재한다. 이로 인해 대한민국 정부의 공식적인 통일 추진 원칙과 상반된 북한 붕괴나 흡수통일을 암시하는 표현이 정치인이나 언론, 보수나 극우 인사를 통해 공공연히 언급되고 있다.

통일방안

대한민국의 통일방안은 '민족공동체 통일방안'으로 '3단계 통일방안'이라고도 한다. 이것은 1994년 8월 15일 김영삼 대통령이 발표했지만, 1989년 9월 발표된 노태우 정부의 '한민족공동체 통일방안'을 기초로 계승 발전시킨 것이다.

'민족공동체 통일방안'은 1989년 베를린 장벽 붕괴, 1990년 독일 통일, 1991년 소련 해체 등 세계적인 탈냉전과 남북 간 체제 경쟁의 종결이 배경이 되어 새로운 통일방안으로 제시되었다. 또한, 1992년 2월 19일, 역사적인 '남북기본합의서'와 '한반도 비핵화에 관한 공동선언'이 채택된 상황을 반영한 것이기도 하다. 당시 남북 고위급 회담 대표와 통일원 차관으로 이 합의가 채택되는 데 주도적 역할을 한 사람이 '임동원'이다. 그는 1960년대 군인이자 육사 교수였고 1970년대 육군으로서 자주국방을 위한 '율곡 계획'을 수립하는 등 안보 정책 분야에서 활약했다. 그러다가 1980년대에는 외교관으로, 1990년대에는 남북 협상과 통일 분야에 이바지하였다. 노태우 정부 시기 그는 남북 고위급 회담 과정을 통해 '새로운 사고'를 하게 된다. 국제 냉전이 끝나고 공산권이 붕괴하며 민주주의와 시장 경제가 전 세계적으로 확산하는 시대의 변화에 부응하여 생각이 바뀐 것이다. 즉 체제 경쟁이 끝난 상황에서 이제는 '반공'이 아니라 북한을 어떻게 '평화적으로 관리'하느냐가 중요하다고 보았다. 전쟁을 억제하여 '소극적 평화'를 지켜 나감과 동시에, 북한의 변화를 유도하여 '적극적 평화'를 만들어 나가야 할 때임을 깨달은 것이다. 이처럼 시대의 변화에 따라 대북 정책과 전략은 변했다.◆258

1989년 발표된 '한민족공동체 통일방안'은 화해와 신뢰 구축의 과정을 남북연합으로 나아가기 위한 자연스러운 과정으로 본데 비해, 1994년 발표된 '민족공동체 통일방안'은 이 과정을 단계화한 것이 특징이다. 통일은 점진적·단계적으로 이루어 나가야 한다는 기조하에 그 과정을 화해·협력 단계 → 남북연합 단계 → 통일국가 완성 단계의 3단계로 설정하고 있다.

1단계인 '화해·협력 단계'는 남북이 적대·불신·대립 관계를 청산하고, 상호 신뢰 속에 긴장 완화와 화해를 정착시켜 나가면서 실질적인 교류 협력을 함으로써 평화 공존을 추구해 나가는 단계이다. 즉 남북이 상호 체제가 다를지라도 인정하고 존중하는 가운데 분단 상태를 평화적으로 관리하면서 경제·사회·문화 등 각 분야의 교류·협력을 진행하는 단계다. 남북은 상호 신뢰를 바탕으로 민족 동질성을 회복하는 화해·협력의 과정을 거치면서 본격적으로 통일을 준비하는 방향으로 나가게 된다. 2단계인 '남북연합 단계'는 2국가 2체제 상태에서 남북 간의 공존을 제도화하는 중간 과정으로, 남북 간의 합의에 따라 법적·제도적 장치가 체계화되어 남북연합 기구들이 창설·운영되는 과도적 통일 체제다. 2체제 2정부의 연합 과도 체제를 만드는 단계이며, 유럽 연합처럼 여행 및 이전을 자유롭게 하고, 궁극적으로는 정치·경제·사회·문화적 통합을 지향하는 연합 방식이다. 3단계인 '통일국가 완성 단계'는 남북 의회 대표들이 마련한 통일 헌법에 따른 민주적 선거에 의해 통일 정부, 통일 국회를 구성하고 두 체제의 기구와 제도를 통합함으로써 정치 공동체를 실현하여 1민족 1국가 1체제 1정부의 단일 국가를 완성하는 단계이다. '민족공동체 통일방안'은 30년 넘게 대한민국 정부의 공식 통일방안으로 지속되고 있으나 일반 시민들 중에 대한민국 통일방안을 숙지하고 있는 비율은 매우 낮은 상황이다.

한편, 북한의 통일방안은 1980년 10월 10일 제6차 당대회에서 기존의 연방제 통일방안을 보다 구체화하여 제시한 '고려민주연방공화국 창립방안'으로 공식화되었다. 1980년대의 연방제는 과도적 방안이 아닌 바로 통일국가를 창립하자는 완성형 연방제였다. 그러나 북한은 1990년대에 들어와 기존의 완성형 연방제 주장에 변화를 보이기 시작했다. 남과 북에 서로 다른 두 제도가 존재하고 있는 실정에서 누가 누구를 먹거나 누구에게 먹히지 않는 원칙하에 1민족 1국가 2제도 2정부에 기초한 연방제 방식의 통일을 점차적으로 완성하는 경로를 택한 것이다.

그러다가 북한은 2000년 6월에 열린 남북정상회담에서 '낮은 단계의 연방제' 안을 제기하였고, '6·15남북공동선언'에서 '남과 북은 나라의 통일을 위한 남측의 연합제 안과 북측의 낮은 단계의 연방제 안이 서로 공통성이 있다고 인정하고 앞으로 이 방향에서 통일을 지향시켜 나가기로 하였다.'라고 명시했다.

이후 북한은 2018년 남북정상회담 이후 2019년 신년사에서 "전민족적 합의에 기초한 평화적인 통일방안의 적극 모색"을 주장하였다. 당시 김정은 위원장은 변화된 남북 관계를 반영한 새로운 통일방안을 찾겠다는 의도를 보였지만 이후 북미회담 결렬과 남북 관계 정체로 더이상 논의가 이루어지지 않았다. 그러다가 2023년 12월 30일 열린 노동당 전원회의 5일차 회의에서 김정은 위원장이 남북 관계를 '동족 관계'가 아닌 '적대적인 두 국가 관계'라고 표현하며 "우리를 '주적'으로 선포하고 외세와 야합하여 정권 붕괴와 흡수통일의 기회만을 노리는 족속들"과는 "언제 가도 통일이 성사될 수 없다는 것"이라고 하였다.[259] 2024년 들어서는 '하나의 조선 정책 폐기'와 '두 국가론에 기초한 대남정책'을 실행에 옮기는 조치를 실행하고 있다. 적대적 두 국가론은 남한으로부터의 체제 위협을 차단하기 위한 조치이며 신냉전 국제질서를 활용해 핵 위협을 확대하려는 정책으로 볼 수 있다.[260] 북한의 대남 전략 대전환에 대한 대응 의견은 양분되어 나타난다. 한편에서는 과거 서독이 동독의 두국가론에 맞서 민족 관계를 고수하며 통일로 이어 갔던 것처럼 북한의 '두 국가' 선언을 거부하고 하나의 통일을 견지해야 한다는 입장이다. 다른 한편에서는 남북한의 달라진 현실을 인정하여 공존과 평화를 우선하고 당장의 통일보다 북한과의 관계 개선에 노력을 기울여야 한다는 입장이다. 이 외에 대안적 의견으로는 민족공동체 통일방안의 2단계 '남북연합'을 잠정적 통일 형태로 제안

하고, 통일국가의 최종 국면은 다양한 형태로 논의할 수 있도록 열어두자는 입장이 있다.[261]

통일교육[262]

평화교육이 평화연구와 시민 평화운동이 어우러져 발전된 것과 달리, 통일교육은 국가적 차원에서 실시되었다. 국내적·국제적 요인과 대북 인식 변화에 따라 정부가 실시하는 통일교육은 명칭과 내용이 변천해 왔다.

해방 후부터 1950년대 후반까지 이승만 정권은 공산주의자들을 혐오하고 제거하려는 북진 통일을 주장하며 '멸공(반공) 교육'을 실시했다. 이후 1960년대 초부터 1970년대 후반 박정희 정권의 반공교육은 남한 체제의 우월성과 정당성을 알리기 위한 '승공 통일교육'의 성격이었다.[263] 국제적 냉전 시기 남북 간 체제 경쟁의 상황에서 반공교육은 북한 체제와 이념의 모순, 호전성을 알리고 대결 의식과 적대감을 고취하는 교육이었다. 이로 인해 북한은 불신과 증오의 대상이자 악마적 이미지로 전달되었다. 1980년대 전두환 정권 시기에 들어 승공 통일교육이 안보교육의 성격을 띠다가 1987년 5차 교육 과정 개정을 통해 반공교육이 '통일안보교육'으로 변경된다. 그러나 통일안보교육은 통일에 대한 열망과 긍정적 태도 형성을 위한 것보다는, 여전히 공산주의 이데올로기를 비판하며 경계심을 갖게 하는 '안보교육' 성격이 강했다.◆264

1987년 민주 항쟁 이후 1988년 출범한 노태우 정부는 탈냉전이라는 새로운 국제 환경에 발맞춰 7·7 선언(민족자존과 통일 번영을 위한 특별 선언)을 발표하며 북방 외교(사회주의 국가와의 외교 정상화와 경제 교류 및 협력, 남북한 통일의 실현을 목적으로 한 정책)를 추진한다. 또한, 남북 간 체제 경쟁의 종결을 반영하여 1989년 9월 '한민족 공동체 통일방안'이라는 새 통일방안을 마련하게 된다. 반공교육이 사라지고 '통일교육'이 공식적인 이름으로 자리 잡게 된 것은 1990년대 '남북기본합의서'가 채택(1992)되고 제6차 교육 과정이 개정되면서부터이다. 이러한 변화는 1989년 베를린 장벽 붕괴, 1990년 독일 통일, 1991년 소련 해체라는 세계사적 흐름과도 관련 있었다.

1990년대 후반 헌정 역사상 최초의 여야 정권 교체로 김대중 정부가 출범(1998)하면서 남북 관계와 함께 통일교육도 새로운 전환점을 맞이하게 된다. 1999년 8월 6일, 통일교육을 촉진하고 지원하는 데 필요한 사항을 규정함을 목적으로 하는 '통일교육 지원법'이 시행령과 함께 발효되었고, 이 법에 따라 2000년 12월 22일 통일교육협의회가 창립되었다. '통일교육 지원법' 제2조는 통일교육을 '자유 민주주의에 대한 신념과 민족공동체 의식 및 건전한 안보관을 바탕으로 통일을 이룩하는 데 필요한 가치관과 태도를 기르도록 하기 위한 교육'으로 정의하고 있다. 최초의 남북 정상 회담을 계기로 평화교육과 통일교육 간 교류와 공동 연구가 활발해지면서 신 패러다임의 평화 지향적 통일교육이 시작되기도 하였다. 2003년 출범한 노무현 정부 시기에도 연속선상에서 화해와 평화공존을 우선순위에 두고, 과정으로서의 단계적 통일을 추구하며, 사회·문화 통합을 지향하는 통일교육을 진행했다.

그러나 2008년 여야 정권 교체로 출범한 이명박 정부는 김대중·노무현 정부 시기 추진했던 통일·대북 정책을 전면적으로 바꾸고, 통일교육의 방향도 안보를 강조하는 방향으로 회귀했다. 한편 2012년 출범한 박근혜 정부는 2014년 '통일 대박!'을 외치며 통일에 대한 국민적 관심 증대를 위해 통일 편익을 강조하는 통일교육으로 변화를 시도했다. 2017년 박근혜 대통령 탄핵이라는 초유의 사태가 발생하면서 문재인 정부가 출범하고, 2018년 4월 27일 11년 만의 남북 정상 회담이 성사되면서 정부가 추진하는 통일교육 명칭과 통일부 국립통일교육원의 통일교육 지침서 제목에 처음으로 '평화'라는 글자가 공식적으로 붙게 된다. 그러나 2022년 윤석열 정부가 출범하고 2023년 새롭게 발간한 통일교육 지침서 제목에서 '평화'가 사라지고, 통일교육 목표에서 '평화 의식 함양'이 삭제되는 대신 '자유 민주주의에 대한 신념 고취'가 들어갔다. 또한 교육 내용에서는 '북한 인권'을 강조하도록 하였다.

이처럼 통일교육의 방향성이 정권 교체에 따라 좌지우지되는 경향으로 인해 통일교육 현장에서 통일교육을 기피하거나 교육내용의 혼선을 야기하는 원인이 되기도 했다. 통일교육이 이와 같은 관행에서 벗어나기 위해서는 '정치적' 관점이 아닌 '교육적' 관점에서 통일교육의 목표·방향·방법을 재정립하고, 통일교육과 대북정책 홍보를 구분하며, 장기적인 통일교육의 기본적인 방향성은 정권이 바뀌어도 유지되어야 한다는 점◆265이 학술회의에서 여러 차례 지적되기도 했다. 교육부는 통일교육의 기존 한계점을 '▲안보 중심의 통일교육 ▲지식 전달 중심 ▲당위적, 거대 담론 중심 ▲통일교육 거버넌스 부실'로 보고, 변화 방향성을 '▲평화와 번영을 지향하는 통일교육 ▲통일 역량 함양 중심 ▲구체적인 삶, 일상과 함께하는 통일교육 ▲통일부, 시도교육청, 민간과 거버넌스 구축'으로 발표(2018.11)한 바 있다.

같이 읽어 보면 좋은 개념 **전쟁** 205 | **분단** 102 | **통합** 259

통합 거느릴 통 統, 합할 합 合

통합의 개념과 분야

다양한 균열과 갈등이 존재하는 사회에서 어떻게 더 현실적으로 함께 공존하고 화합하며 잘 살아갈 수 있을까? '통합'이라는 용어는 이러한 고민의 연장선상에서 다양한 의미로 사용되었다. 통합이라는 용어는 교육이나 심리, 언어 분야에서도 광범위하게 사용되지만, '국가나 사회, 지역 공동체를 하나로 만드는 과정'을 의미할 때 자주 언급된다. 남북 간 오랜 분단을 극복하기 위해 통일을 추구해 온 한국 사회에서는 주로 남북이 하나의 단일한 정치 체제를 형성하기 위한 국가 차원의 통합을 말했다. 또 이주민이나 외국인, 소수자들이 한 사회에 소속되거나 합류하는 과정을 일컫을 때 통합이란 '어떤 개인이나 집단, 사회의 일부가 더 큰 공동체나 집단, 사회의 가치와 규범에 따르는 구성원이 되는 과정'을 의미한다.◆266 한편 '유럽 통합'처럼 지역 공동체가 합동하여 하나의 조직체를 만드는 과정을 뜻하는 말로 통합이란 용어가 사용되기도 한다.

국가 통합을 사고할 때는 동화, 분리, 통합, 화합의 개념을 함께 이해할 필요가 있다. '동화'란 다른 서로 집단들이 하나의 이념, 문화, 인종, 종교 등으로 동질화되는 개념이고, '분리'란 이념, 문화, 인종, 종교 등이 다를 경우 완전히 독립된 정치 체제를 수립하는 개념이다. '통합'이 동화와 분리 양극단 사이에 존재하며 동화 개념과 더 가깝게 동질적인 것을 만들어 가려는 개념이라면, '화합'은 좀 더 분리 개념에 가깝게 현실적 차이를 존중하며 지나친 갈등을 억제하려는 개념이다. 한국의 분단과 통일 문제도 '분리'와 '통합'의 이론으로 접근할 필요성이 꾸준히 제기되었다. 서울대학교 통일평화연구원은 통일 문제를 통합 개념으로 이해하기 위한 시도로, 남북 간 통합 문제를 '정치, 경제, 사회·문화, 의식'의 네 분야로 나누어 측정하고 추이를 분석하는 연구를 진행하기도 했다.◆267

근대적 통합 개념은 세 가지로 분류할 수 있다. 첫째, 카를 슈미트Carl Schmitt의 적과 경쟁하는 '국가주의적(민족주의적) 통합' 개념으로 가장 보수적이고 동질적 집단을 지향하는 경향을 지닌다. 냉전 시기에는 이러한 적대적 안보 통합론이 강력한 영향을 미쳤다. 둘째, 한스 켈젠Hans Kelsen의 '자유주의적 통합' 개념으로 적대적이고 배제적인 통합이 아닌 헌법과 법치 질서에 따른 민주적 정치 통합을 지향한다. 이러한 정치 통합론은 민주주의의 세계적 확산과 함께 강화되었다. 셋째, 헤르만 헬러Hermann Heller '사회주의적 통합' 개념으로 적대적이고 배제적인 통합을 반대하면서도 법 규범과 민주주의에 의한 통합에서 더 나아가, 불평등을 해소하는 사민주의적 복지 국가를 지향한다. 이러한 사회 통합론은 산업화와 도시화 과정에서 발생하는 불평등과 불균형 문제를 대면하는 과정에서 강조되었다. 이처럼 시대적 조건과 사회 발전 과정에 따라 통합에 대한 인식과 해법이 서로 달랐다는 것을 알 수 있다.◆268

일반적으로 국가 간에 특정 분야에서 협력할 때는 협력에 참여한 국가에 국제법하에서 부여되는 규범적 의무 이상의 것을 요구하지는 않는다. 그러나 통합은 국가 간 상호 작용의 방해물을 제거하는 데 그치지 않고 공동의 규정이 적용되는 공간을 만든다. 또한, 국제 무대에서 하나의 목소리를 내며, 개별 국가가 가진 주권을 '초국가 기구'에 이양하는 수준까지 나아간다.◆269 무엇보다 경쟁과 대립으로 인한 전쟁의 악순환을 끊고 평화와 번영을 구축하기 위해 통합의 필요성이 제기되었다.

유럽 통합 사례

유럽 대륙에서 민족 국가 간의 세력 경쟁, 민족주의와 전체주의 확산은 1, 2차 세계 대전의 주요한 원인이 되었다. 제2차 세계 대전으로 목숨을 잃어버린 사람의 수는 5,000만 명이 넘었다. 두 차례의 전쟁으로 유럽은 폐허가 되었고 경제는 붕괴하였다. 다시는 전쟁이 재발하지 않도록 하는 것과 유럽 경제를 재건하는 일은 유럽 국가들 앞에 놓인 중요한 과제였다.

전쟁 이전에 독일은 유럽 경제의 중심이었지만, 전쟁 후 유럽 국가들은 독일에 대한 적개심으로 독일 물건의 구매를 거부했다. 유럽 경제가 엉망이 되고, 독일에서는 신나치주의가 다시 고개를 들기 시작한 데다가, 프랑스와 이탈리아에서 공산주의 세력이 확대되자 미국은 위협을 느꼈다. 유럽의 자본주의 경제가 붕괴하고 공산화되어 소련의 영향권 안으로 들어가는 일을 막기 위해 미국은 '마셜 플랜Marshall Plan(유럽 부흥 프로그램)'을 발표하게 된다. 이로 인해 1947년부터 1951년까지 유럽 16개국에 130억 달러가 경제 재건을 위해 지원되었다. 마셜 플랜은 공동의 이해관계를 위한 유럽 국가 간 협력을 강조했고, 독일에서 생산된 상품에 대한 규제를 철폐할 것을 요구했다. 이로 인해 독일 경제가 유럽 경제로 통합될 수 있는 길이 열렸고, 유럽의 경제도 숨통이 트이게 되었다. 영국의 수상을 역임했던 윈스턴 처칠Winston Churchill도 과거의 원한을 잊어버리고 유럽인들을 분리하는 국경과 장벽을 점진적으로 제거하자며 유럽 통합의 필요성을 강조했다.

한편 유럽의 강대국 중 하나이고 전승국인 프랑스는 독일을 고립시키는 대신 독일을 유럽 안에 포용하는 정책을 선택함으로써 유럽 통합을 주도하게 된다. 오랜 기간 침략 전쟁을 치렀던 프랑스와 독일의 과거 관계를 생각하면 절대 있을 수 없는 일이었지만, 독일이라는 존재가 유럽의 미래를 위해 필요하다고 판단했기 때문이다.◆270 무엇보다 전쟁을 끝내기 위해서는 민족주의를 극복해야 했다. 유럽 통합은 1950년 5월 9일, 프랑스 외무부 장관 슈만Robert Schuman의 '유럽 석탄 철강 공동체' 제안에서 시작되었다. 이 제안은 경제 재건과 무기 제조 등에 필수적 전략 물자인 석탄과 철강을 유럽의 초국가적 정부가 공동 관리하도록 하자는 것으로, 장 모네Jean Monnet라는 사람이 기획해서 모네 플랜Monnet Plan이라고 불리기도 한다. 모네는 석탄과 철강의 공동 관리가 독일의 재무장을 방지하면서도 독일을 유럽 안에 포용하는 제도적 장치가 될 것으로 생각했다. 또한, 이것은 프랑스와 독일 간 갈등을 해소할 수 있는 창조적 아이디어로, 유럽의 지속적인 평화 구축을 위한 것이기도 했다.◆271 이를 바탕으로 서유럽 6개국이 유럽 통합 기구에 먼저 가입했고, 영국의 유럽 연합EU 탈퇴(2020년 1월) 이전 EU는 총 28개 유럽 국가가 가입한 거대한 지역 공동체 기구가 되었다.

오늘날 유럽 연합 국가들은 유로화를 단일 화폐로 사용하며, 이자율과 환율도 유럽중앙은행이 통제하며, 여권도 유럽 연합 여권으로 사용하는 등 생활의 많은 부분이 통합되어 있다. 현재 지구상에 존재하는 다양한 지역 공동체 중에 EU보다 더 발전되고 심화한 통합체는 없다. 통합의 과정은 절대 쉽지 않았지만, 유럽의 경우 이것이 가능했던 이유는 통합이 갈등과 경쟁을 극복하게 하고, 전쟁을 종식하며, 평화 정착과 번영을 가져다준다는 공감대가 형성되었기 때문이다.

독일 통합 사례◆272

독일의 통일을 3단계로 나눈다면 1단계는 1969년 브란트 정부 때부터 콜 정부 때까지 20년 동안 동방정책으로 이룬 절반의 통일, 2단계는 1989~1990년에 걸친 정치적 통일, 3단계는 정치적 통일 이후의 내적 통합 과정으로 볼 수 있다. 롤프 마파엘Rolf Mafael 주한 독일 대사는 독일 통일에 대하여 "동독의 '통일에 대한 열망'과 서독의 '20년에 걸친 준비'가 없었다면 불가능했을 것이다."라고 하였다.◆273 이때 '20년에 걸친 준비'라 함은 브란트 정부 때부터 콜 정부 때까지 20년 동안 동방정책을 통해 중단 없이 인적·물적 교류와 협력을 활성화한 노력을 의미한다.

빌리 브란트Willy Brant의 동방정책은 동·서독을 점진적으로 통합시키고 절반의 통일을 이뤄내는 데 크게 이바지했다. 브란트는 ① 동독을 실질적인 하나의 국가로 인정하고 ② 평화 공존(동·서독 간 긴장 완화와 분단 고통 해소, 민족 동질성 유지 등)을 우선적 목표로 설정했으며 ③ 이를 위한 인적·물적 교류를 당면 과제로 삼았다. ④ 단기간에 실현 불가능한 정치적 통일은 미래 과제로 설정했고 ⑤ 분단의 고통과 인권 문제 해결을 위해 그 체제의 권력자와 대화하고 협상하는 것을 중시했다. ⑥ 정치적, 법적 '국가 민족론'보다 역사적, 의식적 '문화 민족론'을 강조하였고 ⑦ '유럽 평화 속의 공동 안보와 독일 정책'을 추구하기 위해 주변국과의 관계 개선과 군비 감축 노력을 기울였다.◆274 기민/기사당은 브란트가 통일을 당면 목표로 삼지 않고 동서독 긴장 완화를 통한 평화 정착에 초점을 맞추려는 생각이 독일의 분단을 고착화하고 통일을 불가능하게 만들 것이라고 비판했다. 그러나 브란트는 서독인들의 의지만으로 통일을 이루는 것이 불가능하다는 것을 알면서도 그것을 부정하는 것은 오히려 동서독 간 대립만 심화시켜 독일의 이익과 미래에 부정적 영향을 끼친다고 주장했다. 또한 동독이 변해야 한다는 요구 대신 먼저 변화를 일으키기 위해 대화를 제의했다.◆275 브란트의 동방정책은 그의 후임자 슈미트Helmut Schmidt 정부에 의해 계승되었고, 1982년 정권이 사민당에서 기민/기사당으로 넘어갔지만, 정권 교체 이후에도 동방정책은 지속되었다. 동방정책이 계승되며 연속성을 가질 수 있었던 이유는 대중적 지지와 법적·정치적 안정성에 기반해 구체적 성과를 만들어 냈기 때문이다. 그러자 동방정책의 비판자와 반대자도 동방정책을 수용하지 않을 수 없었다.◆276

한편, 서독은 국민 통합을 이루고 동서독 간 적대와 대결을 극복하기 위한 교육적 노력으로 '정치교육(민주시민교육)'과 '평화교육'을 실시했다. 민주주의 정치교육은 서독 시민들이 '정치적인 사안을 이해'하고, 이에 대해 '스스로 판단할 수 있는 능력'을 기르며, '정치 참여의 자질을 육성'하는데 이바지했다. 민주주의 의식 함양을 목표로 한 정치교육을 통해 자유에 대한 가치가 증진되었고 다원주의적 민주주의 정치 문화가 강화될 수 있었다. 정치교육의 주요 내용에서 주목할 만한 점은 평화 공존을 바탕으로 한 동방정책에 따라 독일 내 두 개의 국가가 존재함을 인정한다는 합리론에 기초하여 이데올로기에 의한 대립을 삼가야 한다는 점을 강조한 것이다.

서독은 정치교육과 함께 분단 극복을 위한 교육적 노력을 '통일교육'이라는 이름으로 실시한 것이 아니라 '평화교육'의 영역에서 함께 다루었다. 1960년대 후반까지는 서독도 독립된 국가로서 동독의 존재를 인정하지 않았다. 이에 따라 교육도 동독 공산주의 정권과 국가에 대한 이데올로기적 비판 교육이 지배적이었다. 그러다가 1969년 사민당 소속 총리 빌리 브란트와 대통령 구스타프 하이네만이 취임한 이후부터 비판적 평화교육을 통해 폭력과 전쟁으로부터의 해방, 상호 이해와 화해, 공존을 지향하는 이념이 필수적이라는 인식을 확산시켰다.◆277

1990년 10월 3일 독일은 정치적 통합을 이루는 데 성공했지만, 신속한 통일은 후유증을 동반했고, 두 국가와 두 국가의 국민이 하나가 되는 데는 오랜 시간이 걸렸다. 내적 통합의 첫 단계는 '정치적·군사적 통합'이었고, '행정·교육의 통합'도 중요했다. 긴 시간과 노력이 필요했던 통합 분야는 '동독 지역의 경제적 재건'과 '생활수준 균등화'였다. 현재 독일 국민 총생산GDP은 세계 4위, 유럽 국가 중에서는 1위이며 국가 브랜드 파워는 세계 최고 수준의 반열에 올라와 있다.

북아일랜드 통합 사례[278]

북아일랜드는 우리나라와 유사하게 식민지 해방 과정에서 나라가 갈라지는 아픔을 겪고 내전에 휘말리면서 지금까지도 분단체제로 살아가는 나라다. 아일랜드는 300년 이상 영국의 식민지로 수탈당한 고통의 역사가 있다. 안타깝게도 식민지하에서 독립운동을 함께했던 이들이 영국과의 관계 설정을 놓고 분열하면서 북아일랜드의 비극이 시작되었다. 1949년 남쪽의 아일랜드공화국은 영국으로부터 완전히 독립했고, 영국의 일부로 남은 북아일랜드에서는 아일랜드공화국의 통일을 바라는 가톨릭 기반 진영과 영국의 일부로 남아 살기를 바라는 개신교 기반 진영 양측의 갈등으로 분쟁기(1969~1998)가 시작된다.[279]

북아일랜드 분리 이후 분단체제가 낳은 반목적 갈등 속에서 학교마저도 가톨릭 종파 학교와 기독교 종파 학교로 교육 시스템이 나뉘어 운영되었고, 종파 간 갈등이 심해진 분쟁기 동안 사망자

(3,488명)와 부상자를 합해 15만 명이 넘는 피해가 발생하기도 했다. 하지만 화해를 위한 노력을 통해 종교에 따른 분리주의적 폭력이 지배했던 시기를 지나 1998년 4월 북아일랜드 평화 협정인 '벨파스트 평화 협정(성금요일 협정)'을 맺었다.◆280 이 과정에서 '코리밀라Corrymeela(1965년 북아일랜드 평화와 화해를 위한 기독교 공동체)'는 분단 사회 피해자들을 극단적인 증오로부터 상호 이해로 유도하는 중립적인 시민 사회의 역할을 했다. 또한, 지역 사회 교육자들과 함께 평화교육(지역 사회 교류 프로그램, 상호 이해 교육, 청소년 평화교육)에 힘썼다. 평화 없이는 모두가 죽는다는 인식에 이르도록 끊임없이 설득해 간 코리밀라의 대화 노력은 종교계와 정치권에도 영향을 미쳤고, 북아일랜드의 평화와 통합에 크게 이바지했다.◆281

분쟁기 동안 북아일랜드는 '상호이해교육EMU'과 '통합교육'을 통해 분단 극복과 평화를 향한 교육적 노력을 기울였다. 상호이해교육은 비록 서로 다른 종파 학교에 다니더라도 같은 지역 사회에 있는 아이들이 서로 만나 친구가 되게 함으로써 편견을 극복하고 평화를 이룰 수 있도록 연습하는 지역 사회 교류 프로그램이다. 상호 이해교육이 정부 주도의 공교육으로 이어진 반면, 통합교육을 주도한 통합 학교는 평화 실현을 위한 시민 교육 운동으로 설립되었다. 1976년 '피스 피플Peace People(여성들이 중심이 된 북아일랜드 평화 운동)'의 움직임이 계기가 되어 평화를 향한 여성 운동이 점차 지역 사회 시민 활동과 재교육 운동으로 이어져 학부모들이 중심이 된 통합교육 운동이 대중 속으로 확산하기 시작한 것이다. 통합교육은 종파가 다른 아이들과 청소년들을 한 학교에서 함께 교육하며, 서로 다른 전통을 인정하고 그에 대한 표현을 장려하는 탁월한 교육을 목표로 한다. 학부모들은 "교육이 달라져야 아이들의 미래가 있다. 언제까지 아이들이 서로 등 돌리고 살게 할 것인가. 세계가 달라졌다. 이웃 국가들을 보고 우리도 따라 바꾸자."라고 정계에 청원하며 설득했다. 당시 북아일랜드 정치권은 종파 분리주의 이해 집단과 정치적 운명을 같이했기에 통합 학교로의 전환은 쉽지 않았지만, 1981년 최초의 통합 중등학교인 라간 칼리지Lagan College가 비인가 대안학교(학생 28명)의 형태로 문을 열었다. 이후 정부 인가에 성공(1984)하면서 통합학교 설립 운동에 가속도가 붙어 분단 극복을 위한 교육 환경 개선에 중요한 역할을 하고 있다.

1989년에는 북아일랜드 교육 개혁 조례를 통해 '통합교육 진흥'이 국가적 책무로 인지되었다.◆282

한반도 통합 방향

남북한의 중요한 과제는 평화 구축을 통해 전쟁을 끝내고 공동의 이익을 통한 번영 속에서 성숙한 한반도 통합을 이뤄내는 것이다. 유럽 통합이나 독일 통일, 북아일랜드 사례가 남북 통합의 모델이 될 수는 없겠지만, 선례를 남긴 성공적인 통합의 요인을 찾아 한반도에 적용해 볼 수 있다.

통합을 위해 가장 선행되어야 할 것은 남북 간 오랜 갈등의 역사를 청산하기 위해 '새로운 관계를 정립하는 것'이다. 1950년대, 유럽에는 전쟁 직후의 상흔이 여전히 남아 있었고 독일에 전쟁 책임을 묻는 보복 정책을 쓸 수도 있었지만, 프랑스는 오히려 독일을 새로운 협력자 관계로 설정함으로써 유럽의 평화 정착과 공동 번영이 가능한 길을 선택했다.◆283 북아일랜드 또한 시민 사회의 평화 운동과 통합교육으로 상대를 향한 인식을 응보적 관점에서 평화적 관점으로 변화시켰다. 독일 통일의 아버지라 불리는 브란트도 서독만이 유일한 합법 정부라는 배타적 대표성을 주장하지 않고 동독을 실질적인 하나의 국가로 인정하며 외교 교섭상의 대등한 파트너로 받아들였다.◆284

극단적으로 폐쇄된 상대인 북한과의 통합을 위해서는 제재와 압박 또는 교류와 협력이라는 단선적 해법으로는 문제 해결이 어렵다. 복합적 해법과 창조적 관여 정책이 필요하다. 서울대학교 통일평화연구원 박명규, 전재성, 김병연, 김병로 등은 북한의 변화를 위한 창조적 관여 정책의 핵심이 '북한 국제화'라고 주장한다. 폐쇄된 북한을 개방으로 유도하고 북한이 국제사회에 진출하여 외부 세계와의 접촉면을 확대하도록 해야 한다는 것이다. 한국은 국제네트워크를 활용한 지식 협력 사업을 통해 북한이 국제사회의 규범과 기술을 배울 수 있도록 도울 수 있다. 통일의 충격을 줄이기 위해 북한의 경제력을 끌어올릴 필요가 있는 것처럼, 북한을 지금보다 개방 체제로 변화시켜야 남북 통합도 실질적으로 가능하다.◆285

폭력과 갈등이 만연한 한반도의 통합을 위해서는 '갈등과 분단 극복을 위한 교육 정책과 문화 정책'이 필수적이다. 전쟁과 분단으로 인해 우리 사회는 '상호 적대의 가치를 추구하는 이념과 신념, 사람에 대한 불신, 생존에 대한 강박, 타자를 배제·분리·제거하려는 경쟁 문화'가 만연해 있다.◆286 이를 극복하기 위해서는 구성원들이 서로의 다름을 인정하고 평화 공존을 추구하며 갈등을 해결할 수 있는 역량을 강화하여 통합의 문화를 만들어 가는 것이 필요하다. 독일은 정치교육(민주시민교육)과 평화교육을 통해, 북아일랜드는 상호이해교육과 통합교육을 통해, 유럽은 유럽공동체 시민의식을 함양하는 평생교육을 통해 사회 통합을 위한 역량을 키워나갈 수 있었다. 성숙한 시민의식을 위해서는 반드시 교육적 노력을 동반해야 한다는 점을 인식하고 정부 차원에서 통합을 지향하는 평화교육·통일교육·민주시민교육 등을 체계화·활성화하고 지원할 필요가 있다.

특히 남과 북 어느 한쪽으로의 흡수를 위한 통합이 아니라는 점을 명확히 밝혀야 북한이 통합 과정에 참여할 수 있다. 경제 통합 과정에 있어서도 북한 경제가 남한 경제에 의존되거나 흡수되는 상황이 발생한다면 북한은 통합 과정에 참여할 가능성이 거의 없다. 북한의 김정은 위원장은 2023년 12월 30일 열린 노동당 전원회의에서 "우리를 '주적'으로 선포하고 '정권붕괴'와 '흡수통일'의 기회를 노리고 있다면 그 언제 가도 통일이 성사될 수 없다"는 점을 분명히 했다. 남북이 오랜 분단으로 인한 제도적 차이와 경제적 격차가 크다는 점을 감안하여 서로 다름을 인정하면서 차이를 점진적으로 줄여갈 방안을 마련해야 한다. 남북 경제통합 추진에 있어서는 남과 북이 정치와 경제를 분리하는 원칙에 합의해야 남북 대내외적 상황 변화에 따라 통합이 중단되는 사태를 막을 수 있다.◆287

통합을 위해서는 '지속성 있는 인적 교류와 경제 협력'이 필수적이다. 유럽 통합의 기능주의 이론을 제시한 미트라니David Mitrani는 공동 시장을 만들어 경제 통합을 이루어 나가면 복지와 인권 같은 문제에서도 협력이 공고화되어 결국 정치적 협력과 통합이 가능하다고 주장했다. 장 모네Jean Monnet도 갈등 관계에 있는 양국의 복잡한 이해관계는 시장이 형성되어 사람들과 상품이 국경을 자유롭게 넘나들 수 있으며, 이익이 공동으로 실현될 때 해결 가능하다고 보았다.◆288 남북 경제 협력의 역사 속에도 개성 공단이 있었지만, 개성 공단은 남북 관계의 변화와 정권의 변화, 국제 정세 변화의 영향으로 결국 중단되었다. 만약 유럽 석탄 철강 공동체 ECSC가 회원국 간 갈등과 반목으로 중단되었다면 지금의 유럽 통합은 현실화하지 못했을 것이고, 동방정책을 통한 교류·협력이 정권 교체 시기 중단되었다면 독일 통일은 불가능했을 것이다. 경제 협력을 통한 평화 정착은 일관성 있는 노력이 지속될 때 달성될 수 있다.

통합의 길은 험난하겠지만, 남북 간 전쟁을 끝내기 위해서라도, 한반도의 평화와 번영을 위해서라도 우리는 통합을 선택할 필요가 있다.

같이 읽어 보면 좋은 개념 **갈등** 023 | **분단** 102

ㅍ

폭력

폭력의 개념과 분류

폭력과 평화

폭력의 유형과 원인

분단폭력의 세 차원

비폭력의 힘

폭력 나타낼 폭 暴, 힘 력 力

폭력의 개념과 분류

우리는 각종 폭력으로부터 자유로울 때 평화로울 수 있다. 이 때문에 평화 연구에도 폭력에 대한 이해가 중요하게 다뤄졌다. 폭력의 사전적 의미는 '주먹이나 발 또는 몽둥이, 나아가 무기 등으로 남을 억누르거나 거칠고 사납게 제압할 때 쓰는 수단이나 힘'이다. 넓은 의미로는 '인간에게 신체적·정신적·심리적으로 해를 입히고, 원치 않는 일을 강요하며, 자유를 억압하는 모든 것'을 말한다.◆289 요한 갈퉁Johan Galtung은 그의 대표적인 저작 『평화적 수단에 의한 평화』에서 평화와 폭력의 개념을 확장하는데 이바지했다. 갈퉁은 폭력은 폭력을 낳기 때문에 폭력으로 평화를 만들 수 없고, 평화는 용서와 화해로 시작해 평화적 수단에 의해서만 가능하다고 하였다. 그리고 폭력을 '직접적 폭력', '구조적 폭력', '문화적 폭력'으로 분류하여 개념화했다.◆290

직접적 폭력은 신체·도구·무기 등의 물리적 힘, 그리고 공격적이고 악의적인 언어나 욕설을 이용해 사람의 몸과 마음에 해를 가하는 것이다. 직접적 폭력은 다시 두 가지로 구분되는데 하나는 폭행과 살인 등 신체를 해치는 것이고, 다른 하나는 억류와 감금 등 신체의 자유를 억압하는 것이다. 이것은 가해자가 존재하는 폭력이고 원초적이며 적나라한 폭력이기 때문에 즉각 폭력의 정도나 그로 인한 피해가 나타난다. 직접적 폭력은 대부분 사회 환경이나 다른 폭력과의 관계 속에서 발생하므로 직접적 폭력을 없애기 위해서는 그러한 폭력이 일어난 맥락과 구조를 파악해야 한다.◆291

구조적 폭력은 사회의 구조에 의해 생겨나는 폭력으로, 구조적인 문제가 특정 사람이나 집단 등에게 간접적 폭력을 가하는 것이다. 구조는 사회의 뼈대이므로 가족, 국가, 국제 사회까지 모든 인간 사회에 존재한다. 사회의 규칙·제도·법·정책뿐만 아니라 그것들을 관리하고 실행하는 조직과 기관도 모두 구조에 해당한다. 구조로 인한 간접적 폭력은 폭력을 수행한 가해자가 분명하지 않다. 또한, 피해가 장기간에 걸쳐 발생하고 피해의 범위가 넓고 합법적인 방식으로 폭력이 가해진다.◆292 구조적 폭력으로 인해 차별과 불평등, 혐오와 배제, 난개발로 인한 피해 등이 발생한다.

문화적 폭력은 종교, 사상, 담론, 철학, 언어, 예술, 과학, 법, 교육, 대중 매체 등을 통해 구조적 폭력을 포함한 폭력을 정당화하는 것이다.◆293 여성을 비하하거나 남성을 우월하게 보는 가부장적 시선, 특정 집단이나 특정 인종에 대한 멸시, 소수자에 대한 차별적 시선, 권위적이고 억압적인 문화 등이 만들어 내는 폭력적인 상황이 문화적 폭력이다. 문화적 폭력도 간접적 폭력이라 눈에 잘 띄지 않고, 서서히 침투해 생각을 지배하는 형태로 폭력이 가해지기 때문에 피해자조차 폭력을 인식하기 힘들 때가 많다. 또한, 문화적 폭력이 구조적 폭력과 직접적 폭력을 일으키는 토대가 된다.◆294

이처럼 갈퉁은 폭력의 개념을 세 차원으로 분류하면서 우리가 사는 세상에 '직접적 폭력, 구조적 폭력, 문화적 폭력'이 있고, 이와 맞선 폭력의 대안으로 직접적 평화, 구조적 평화, 문화적 평화를 제시했다.

한편 서보혁·이성용·허지영의 《폭력개념 연구》에서는 보다 구체적으로 열 가지 폭력 개념을 소개한다. ① 국가의 위임을 받은 주체가 정치적 목적 달성을 위해 개인이나 집단에 가하는 '국가폭력' ② 세속 이데올로기와 긴밀한 연결 속에서 발생하는 '종교 폭력' ③ 가부장제와 여성 차별과 관련하여 일어나는 '젠더 기반 폭력' ④ 정체성 집단을 기본 단위로 발생하는 '공동체 폭력' ⑤ 환경정의와 인간안보를 위협하는 '생태폭력' ⑥ 인도주의적 목적을 둔 활동이라도 지원받는 입장에서 느낄 수 있는 '인도주의 폭력' ⑦ 개인적 차원에서 반복적이고 일상적으로 발생하는 '일상적 폭력' ⑧ 어떤 일을 긍정적 자세로 수행해 나가는 과정에서 비의도적으로 발생하는 '긍정성의 폭력' ⑨ 사이버 공간에서 발생하는 '사이버 폭력' ⑩ 폭력과 평화 간에 반드시 대립적이지 않고 상대적인 정도의 차이로 보는 '폭력 연속체' 개념이다.◆295

이와 같이 평화학자들의 폭력 개념 연구는 폭력에 대한 인식을 높임으로써 폭력을 줄이고 평화를 늘려가는데 중요한 역할을 하고 있다.

폭력과 평화

폭력은 평화의 반대 개념으로, 평화와 폭력은 불가분의 관계다. 평화는 폭력을 감소시키거나 제거하는 것을 목표로 하므로 폭력의 부재 수준에 따라서 평화의 정도가 결정된다. 폭력이 발생할수록 평화의 필요성은 절실해졌고, 폭력에 대한 탐구는 평화학의 발전으로 이어졌다. 평화학은 개인 관계 및 사회와 집단에 존재하는 폭력을 확인하고, 폭력이 어떻게 평화를 파괴하고 희생을 일으키는지 분석한다. 나아가 폭력을 감소시키고 궁극적으로 제거하는 방안을 모색한다. 또한, 폭력과 폭력으로 인한 희생자의 존재는 평화와 평화학의 필요성을 주장하는 근거가 된다.◆296

오랫동안 평화는 전쟁이 없는 상태라는 개념으로 이해되었다. 그러나 요한 갈퉁Johan Galtung은 전쟁의 부재만으로 평화로운 삶이 확보되지 않는다는 점에 주목하며, 평화의 개념을 확장했다. '직접적 평화'는 물리적 폭력이 없는 상태를 말한다. 그런데 겉으로는 물리적 평화가 있어 보여도 억압·불평등·혐오와 같이 평화를 위협하는 요소가 존재할 수 있다. '구조적 평화'는 이처럼 법 제도로 정당화되는 폭력을 줄이거나 사라지게 하는 것이다. '문화적 평화'

는 의식과 관행으로 자연스러운 것처럼 받아들여지는 폭력을 부정하고 맞서 생겨난 평화이다.◆297 여기서 직접적 폭력이 없거나 줄어든 상태는 '소극적 평화negative peace'에 해당하고, 구조적·문화적 폭력이 없거나 줄어든 상태는 '적극적 평화positive peace'에 해당한다. 이러한 갈퉁의 관점은 이후 다양한 평화학자들에게도 영향을 미쳤다. 허친슨Hutchinson은 갈퉁의 관점을 수용하되 폭력을 보다 세분화하여 네 가지로 구분했다. 물리적 폭력, 구조적 폭력, 문화적 폭력 외에 자연과 생태계에 대한 '생태적 폭력'을 추가한 것이다. 또한, 허친슨은 개인적, 사회적, 국가적, 지구·생태적 차원의 폭력이 있듯이, 이와 맞선 폭력의 대안도 개인적, 사회적, 국가적, 지구·생태적 차원에서 요구된다고 보았다.◆298

갈퉁이 직접적 폭력이 없는 상황을 소극적 평화로 개념화한 것과 달리, 인도 출신 평화학자 수가타 다스굽타Sugata Dasgupta는 직접적 폭력이 없음에도 삶이 평화롭지 못한 것을 '평화 없음peacelessness'으로 개념화했다. 그는 서구 사회가 아시아와 제삼 세계에 적대, 폭력, 사회 불평등을 수출했으며, 아시아 지역의 분열과 무력 분쟁 뒤에 서구 세계가 숨어서 각국의 이해관계에 따라 파트너 국가들을 조종한다고 보았다. 따라서 서구 세계 의존도를 낮추고 사람들의 자기 결정권이 존중되는 사회를 만들어 삶의 질을 개선하는데 초점을 맞춰야 한다고 주장했다. 빈곤, 영양실조, 질병, 오염 등과 같은 비평화의 요소들을 제거하고 충분한 의식주, 의료, 위생적 생활 환경을 창출하는 것이 평화 실현을 위해 중요하다고 본 것이다. 극빈함으로 고통받고 있던 인도 민중과 인도 사회 불평등 해결에 관심 있었던 다스굽타에게 평화란 '폭력의 근절이며 평화 없음의 근절'을 의미했다.◆299 갈퉁, 다스굽타 외에도 젱하스D.Jenghaas, 레이츨러L.Reychler와 같은 학자들이 평화학 발전에 이바지했다. 이들의 평화관이 보여 주는 공통점은 평화가 전쟁 없는 상태를 넘어서 안보, 정의, 민주주의, 인권, 발전 등과 상호 작용하며 만들어지는 역동적 가치로 사고하도록 평화의 지평을 확장하였다는 점이다.◆300

폭력의 유형과 원인

폭력은 일상에서 다양한 형태로 나타난다. '신체적 폭력'은 직접 힘을 가해 신체적 손상이나 피해를 주는 행위를 말한다. '언어적 폭력'은 인격을 무시하거나 모욕하는 말로 상대에게 정신적·심리적 피해를 주는 행위이다. '성폭력' 또한 상대방에게 성적 모멸감과 피해를 주는 심각한 폭력이다. '따돌림'은 한 사람을 집단으로 소외시키거나 무시하고 위협하는 정서적 폭력의 일종이고, '금품 갈취'는 돈을 강제로 빼앗거나 가져오게 하는 행위, 돌려줄 생각이 없으면서 요구하는 행위, 타인의 물건을 빌린 후 의도적으로 돌려주지 않는 행위 등이 해당한다. 이 밖에 상대방에게 심부름이나 자신의 과제를 대신하도록 강요하는 행위, 어떠한 조직에 가입하기를 강요하는 행위도 폭력에 해당한다. 이러한 유형별 폭력은 실제 상황에서 복합적으로 발생하는 경우가 많다.◆301 또한, 폭력은 일어나는 장소나 대상에 따라서 '가정 폭력', '학교 폭력', '국가 폭력'으로 구분하기도 한다. 정보 통신 기술이 발전함에 따라 오늘날에는 사이버 공간에서 이루어지는 '사이버 폭력'도 발생하고 있다.◆302

평화학자 갈퉁은 폭력을 '인간의 기본적 욕구를 훼손하는 것'으로 규정하고 폭력의 유형을 구분했다. 인간의 기본적 욕구는 생존의 욕구, 복지의 욕구, 정체성의 욕구, 자유의 욕구의 네 가지로 나눌 수 있는데 이것을 훼손하는 각각의 폭력이 존재한다는 것이다. 또한, 이 네 가지 범주의 폭력은 그 성격에 따라 '직접적 폭력'과 '간접적 폭력'으로, 간접적 폭력은 다시 '구조적 폭력'과 '문화적 폭력'으로 구분하였다.◆303

그렇다면 인간은 왜 폭력을 행사하는가? 폭력이 발생하는 첫 번째 원인은 상대적인 힘의 우위에서 비롯된다. 상대적 약자가 폭력을 쓰는 경우는 방어적 차원이나 일회적인 예외의 경우를 제외하고는 거의 없다. 상대적 강자가 폭력을 사용할 때가 많다. 우리는 누구를 상대하느냐에 따라서 상대적 강자가 되기도 상대적 약자가 되기도 한다. 관계에 따라 강자와 약자는 달라진다. 나는 상황에 따라 강자가 될 수도, 약자가 될 수도 있다. 따라서 힘의 관계에 따라 자신이 폭력에 희생되고 있지 않은지, 자신 또한 누군가에게 폭력을 행사하고 있지는 않은지 성찰할 수 있는 민감함과 평화 감수성이 필요하다. 폭력을 가져오는 두 번째 원인은 이익 추구 때문이다. 힘의 차이가 있다고 언제나 폭력이 생기는 건 아니다. 힘을 악용해 이익을 추구할 때 폭력이 생긴다. 이익에는 돈뿐만 아니라 명예, 체면, 자기만족 같은 비물질적인 것들도 포함된다. 폭력을 통해 더 많은 이익을 취하거나, 자신의 힘을 과시하려고 다른 사람을 억압하기도 한다. 폭력이 일어나는 세 번째 원인은 집단적 묵인 때문이다. 폭력은 개인 간에도 발생하지만, 가족이나 직장, 군대에서도 많이 발생한다. 이것은 힘의 상대적 우위를 통한 이익 추구에 대해 집단이 묵인할 때 지속되고 강화된다.◆304 어떠한 폭력은 관습이나 전통이라는 이름으로 합리화되기도 한다.

이처럼 힘의 상대적 우위를 악용하고, 이를 통해 이익을 추구하며, 폭력에 대해 집단이 묵인할 때 폭력이 발생한다. 폭력이 발생하면 누군가는 피해를 보기 마련이다. 폭력은 개인과 집단의 관계를 파괴하고 희생시킨다. 폭력이 사라지지 않는 한 깨어진 평화는 회복되지 않고, 폭력은 평화의 지속성을 방해한다.

분단폭력의 세 차원

남과 북으로 분단된 한반도에 사는 구성원들은 모두 분단폭력에 노출되어 있다. 분단폭력은 '물리적 폭력', '구조적 폭력', '문화적 폭력'이라는 세 차원의 폭력을 포함한다. 한반도를 평화롭게 하지 못하는 근본적 원인이 여기에 있다.

먼저, 직접적이며 물리적인 형태의 분단폭력은 일반적인 폭력과 마찬가지로 살인과 학살, 고문, 위협, 억압 등이다. 부상(몸에 상처를 입음), 불구화(몸의 어느 한 부분이 온전치 못하게 됨), 구금(형이 확정되지 않은 사람을 구치소나 교도소 따위에 가두어 신체의 자유를 구속함), 추방(일정한 지역이나 조직 밖으로 쫓아냄), 소외(어떤 무리에서 피하여 따돌리거나 멀리함) 같은 것도 포함한다. 한반도의 분단 자체가 일본의 식민 지배, 그리고 미국과 소련의 강제로 그어진 선인만큼 폭력적인 측면이 있다. 분단으로 인해 사람의 이동이 차단되고 산업 시설도 두 동강 나 막대한 경제적 손해를 입은 것, 분리된 두 체제에 이질적인 이념과 제도가 뿌리를 내려 적대적이고 배타적인 관계가 발전된 것도 폭력적이라 할 수 있다. 특히 1950~1953년에 일어난 한국전쟁은 남북한 정부에 의해 구성원들에게 가해진 직접적인 분단폭력이다. 전쟁 기간에 남북한 주민이 200만 명가량 죽었고, 전쟁으로 몸을 다친 군인들, 불구가 된 장애인들은 분단의 물리적 폭력을 당한 것이다. 또한, 가족과 이웃, 공동체의 죽음을 경험한 정신적 고통은 말로 다할 수 없이 컸다. 한국 전쟁 이후 분단 상황에서 계속된 충돌과 살상, 북한 안에서 일어나는 인권 유린과 굶주림, 남한 안에서 일어난 무차별 학살과 '빨갱이' 누명 씌우기 사례도 분단의 직접적 물리적 폭력이다.◆305

다음으로 구조적인 형태의 분단폭력은 직접적 폭력을 의도한 것은 아니지만 물리적 폭력이 일어날 가능성을 높게 하는 장치들로 군사적 대결 체제를 말한다. 전쟁이 끝나지 않은 분단 대결 상황에서 휴전선을 중심으로 엄청난 병력과 화력이 집중되어 있다. 또한, 남한과 북한은 각각 자기 체제를 지키기 위해 군대와 군비를 늘려 더 강하게 하려고 한다. 남한은 북한의 군사적 도발과 미사일·핵무기 개발 등을 위협으로 느끼고, 북한은 남한과 미국의 군사력과 군사 훈련을 위협으로 느낀다. 남한은 북한 측에, 북한은 남한 측에 군사적 위협 행위의 중단을 요청하지만, 양측 모두 그것은 방어 훈련이라고 주장한다. 이처럼 군사적 대결 체제에서는 정부가 계속해서 국방비에 막대한 자금을 쏟아붓고, 군부와 대기업이 공동의 이익을 위해 의존하는 '군산 복합체'가 형성된다. 특히 북한은 '군사를 다른 모든 사업에 앞세운다'라는 뜻의 '선군先軍' 정치로 인해 경제난이 계속되고, 그로 인해 사회적 약자들은 영양실조와

의료 부족으로 희생되기도 한다. 사회적·문화적 단절로 자유로운 왕래와 여행, 정보와 문화 교류를 차단하는 것도 구조적 억압이며 폭력이다. ◆306

마지막으로 문화적인 형태의 분단폭력은 앞서 말한 물리적 폭력과 구조적 폭력을 정당화하는 논리와 해석, 신념 체계를 말한다. 국가 안보를 위해서라면 다른 모든 가치를 희생하도록 만드는 안보 최우선의 논리, 서로 상대의 존재를 인정하지 않고 적으로 여기며 대립을 정당화하는 신념, 정치적으로 자기편에 속하지 않았다는 이유로 사람을 죄인으로 낙인찍고 공격하는 행위 등이다. 상대를 적으로 배우는 반공교육, 안보교육, 사상 교육 등을 통해 분단의 문화적 폭력이 강화되기도 한다.◆307

비폭력의 힘

사람들은 폭력을 줄이거나 없애기 위해서 반드시 가해자를 찾아내 응징해야 한다고 생각하는 경향이 있다. 폭력에 맞서 폭력으로 대응하는 것이다. 적대하는 대상이나 가해자에 대한 미움과 증오가 커지면 상대방을 인간으로 보지 않거나 인간 이하로 취급하게 되고, 이로 인해 어떤 폭력도 양심의 가책 없이 저지르게 될 수 있다.◆308 인류의 수많은 전쟁과 학살이 가능했던 이유도 이 때문이었다. 그러나 역사적으로 평화 운동은 평화로운 관계와 공존, 폭력의 감소나 제거를 목표로 비폭력적인 수단과 행동을 통해 목적을 달성하고자 했다.◆309

비폭력은 폭력을 쓰지 않고 평화적인 수단과 방식으로 저항하는 '비폭력 저항'을 의미한다. 일제 식민 통치에 저항해 한국에서 일어난 '3·1 만세 운동(1919년)'은 대표적인 비폭력 저항이자 평화적 시위로 유명하다. 당시 한국에 있다가 막 돌아간 미국인 선교사는 "그곳에서 벌어진 독립운동이 역사상 가장 아름다운 평화적 저항 운동이었다"라고 전했다. 그 말은 미국의 지역지 '와치맨 앤 서드런'의 1919년 3월 22일 자 1면의 기사로 실렸다.◆310 독립에 대한 염원으로 맨손으로 '대한 독립 만세!'를 외치는 시민들을 향해 일본은 무차별 발포했고 참혹하게 학살했다. 1919년, 미국의 신문에 보도된 한국과 일본 관련 기사 중 고문torture, 살해kill, 학살massacre 등의 단어가 총 295건 포함되었다.◆311 당시 일제의 만행은 국제 사회에 알려졌고, 3·1 운동은 대한민국 임시 정부 수립의 계기가 되어 대한민국 건국으로 이어졌다. 3·1 운동은 인도 암리차르 공원에서 진행된 평화적 시위와 중국 5·4 운동 등 여러 식민지국 비폭력 시위에 영향을 미쳤다.◆312

마하트마 간디와 마틴 루서 킹은 비폭력, 반차별 운동을 펼친 대표적인 인물로 알려져 있다. 간디는 남아프리카공화국에서 비폭력 시민 불복종과 비협력 운동을 이용한 여러 실험이 불공정한 정부 활동을 막는 힘이 있음을 경험했다. 인도로 돌아온 간디는 비폭력 저항으로 영국의 식민 통치에 도전했고, '소금 행진(1930년)'으로 많은 사람의 지지와 동참을 이끌어 영국 정부의 태도 변화와 독립을 논의할 수 있는 계기를 만들었다. 그의 삶과 저서들은 남미 시민권 운동의 토대가 되었고, 남아프리카공화국의 인종 차별 정책을 근절하는 데 공헌했으며, 장기 독재 정권들을 몰아내고 민주적 변화를 이끌었던 체코의 벨벳 혁명에도 큰 영향을 주었다. 마틴 루서 킹은 목사로서 비폭력적 실천을 자신의 기독교적 신념과 접목하였다. 그는 '몽고메리 버스 보이콧(1955)'으로 흑인에 대한 차별을 반대하는 투쟁적 비폭력 저항 운동을 진행했다. 약 7만 명의 학생이 시위에 참여했고 그중 3,000명이 투옥되었지만, 이 운동은 1여 년 만에 승리했다.◆313 결국 미국 의회에서 인종 차별을 철폐하는 민권법이 통과되었고, 킹 목사는 비폭력 저항과 평화 운동을 이끈 공로로 노벨 평화상을 수상했다.

미국 정치학자 에리카 체노웨스Erica Chenoweth는 "인구의 3.5%가 넘는 사람들이 지속해서 참여한 비폭력 저항 운동은 항상 성공한다."라고 연구 결과를 발표했다. 또한, 통계적으로 비폭력 시위는 폭력 시위보다 2배 이상 성공 가능성이 높았다고 분석했다. 평화학자 마이클 네이글러Michael Nagler는 "폭력은 가끔 효과가 있고 궁극적으로 효과가 없다. 반면 비폭력은 가끔 효과가 있으며 궁극적으로 항상 효과가 있다."라고 하였다.◆314

같이 읽어 보면 좋은 개념 | **갈등** 023 | **분단** 102

ㅎ

화해

화해의 의미와 유형

화해로 가는 길의 다양한 모습들

한국에서 화해가 언급되는 네 가지 맥락

화해를 위한 핵심 요소

화해의 과정과 절차

협력

협력의 의미와 필요성

협력 시스템의 구성 요소

협력의 걸림돌

협력은 하나의 선택지

전통적인 협력과 스트레치 협력

화·해 화목할 화 和, 풀 해 解

화해의 의미와 유형

'화해(화목할 화和, 풀 해解)'의 사전적 의미는 '싸움하던 것을 멈추고 서로 가지고 있던 안 좋은 감정을 풀어 없앤다'라는 뜻이다. 법률 용어에서는 '민사상의 분쟁을 재판 이외에 당사자 간에 해결하는 일'을 뜻하기도 한다.

평화학자 요한 갈퉁Johan Galtung은 화해를 '과거의 부정적 경험인 트라우마를 해소하는 과정'이라고 정의했다. 갈등 해결이 실질적 이익 갈등이라는 현재의 문제를 다루는 것과 달리, 화해는 과거의 폭력적 경험으로 형성된 부정적 감정 문제를 해소하는 것으로 본 것이다. 화해를 더 적극적 의미로 해석한 학자도 있다. 평화학자 톰 우드하우스Tom Woodhous는 화해를 '근본적인 차이에도 불구하고 적대적 관계를 회복하고 비폭력적으로 공존하는 방법을 배우는 것'으로 정의했다. 과거의 부정적 경험으로 형성된 적대적 감정을 극복하는 것을 넘어 현재의 대립적 갈등과 차이를 해결하기 위해 대화하고 협력하려는 태도와 가치를 화해라는 개념에 포함한 것이다. 이처럼 화해는 부정적 관계에서 긍정적 관계로, 소극적 관계에서 적극적 관계로 진행되는 과정이다.◆315

화해는 세 가지 유형으로 나누어 볼 수 있다. 첫 번째 '윤리로서의 화해'는 개인적인 영역에서 필요한 화해를 말한다. 이런저런 이유로 개인이 지닌 내면의 불안, 불신, 증오, 우울 등을 극복하고 이를 벗어나기 위해 평화를 찾아가는 과정에서의 화해이다. 두 번째 '정치로서의 화해'는 신뢰하기 어려운 상대방과의 긴장 관계가 지속한 상황에서, 갈등의 구조를 해체하고 악순환의 고리를 끊기 위해 미래 지향적 기획 및 결단에 필요한 화해를 말한다. 세 번째 '정의로서의 화해'는 주로 국가 기관에 의한 폭력과 관련된 과거사 문제를 다루는 것과 관련된다. 폭력적 갈등을 겪은 사회가 과거의 잘못을 밝히고 책임을 규명하며 희생자의 고통에 공감하면서 새로운

질서를 만들어 내는 화해를 말한다.◆316

이처럼 화해는 개인 차원에서 내면의 평화를 위해 자기 자신이나 타인과의 관계 속에서 이루어지기도 하지만, 서로 적대적이던 집단 구성원들이 서로를 받아들이는 과정에서 심리적·구조적 변화를 통해 이루어지기도 한다. 적대적 정치 집단 간의 화해는 미움과 다툼을 종식하는 단계, 양극화를 극복하는 단계, 대립을 관리하는 단계, 다름을 인정하는 단계로 발전해 나간다. 만약 양 당사자가 상대를 악마화하고 자신만 피해자라고 확신한다면 화해의 단계로 들어가기는 어렵다. 양측이 모두 피해자라는 사실을 인정하고 상대를 인간적으로 받아들일 수 있어야 화해가 가능하다. 정의로서의 화해는 과거의 진실과 범죄 행위를 밝히되 더 나은 미래를 위해 처벌보다 화해에 무게를 두는 방식으로 문제를 해결한다.◆317

화해로 가는 길의 다양한 모습들◆318

피해자가 용서를 위한 내면적 노력을 통해 상대방의 관계 회복이나 화해로 이어질 수도 있지만 그렇지 않을 수도 있다. 처한 상황에 따라 용서에서 화해로 가는 길에는 다양한 모습들이 존재한다.

첫째 유형은 '나의 용서로 화해가 가능한 경우'다. 가해자인 상대방은 관계 회복을 바라지만 피해자인 내 부정적 감정이 관계 회복을 가로막는 상황이라면, 나의 용서를 통해 화해와 관계 회복이 가능하다. 이때 상대방이 나에게 용서를 구하는 말을 한 경우라면 나도 용서의 뜻을 나타내는 말을 하는 것이 좋다. 하지만 그렇지 않은 경우라면 따로 용서의 말을 하지 않더라도 자연스러운 만남과 교류로 화해를 이룰 수 있다. 이때 용서의 말보다 중요한 것은 조건 없는 아가페 사랑과 존중의 태도, 자존감과 겸손 등의 마음이다.

둘째 유형은 '내가 용서할 수 있지만 화해는 불가능한 경우'이다. 예를 들면 가해자와 원래 관계가 없었거나, 가해자가 이미 죽었거나, 관계 회복이 피해자에게 위험하거나 관계 회복이 가해자에게 좋지 않을 때이다. 그러한 상황일지라도 용서가 의미가 없는 것은 아니다. 피해자가 가해자를 한 인간으로 용서하고 수용하는 행위를 통해 그 자신이 과거와 다른 새로운 미래를 만들어 가는 계기가 될 수 있다.

셋째 유형은 '내가 가해자인 경우'다. 이런 상황에서는 화해를 위해 상대방이 나를 용서해야 한다. 가해자인 나는 화해를 위한 노력을 할 수 있지만, 화해를 이루는 것은 상대방의 용서라는 호응이 있어야 가능하다. 따라서 그러한 호응을 이끌기 위해서라도 용서를 구하기 전, 먼저 상대방에게 충분히 진정성 있는 사과의 노력을 기울여야 한다. 피해자의 분노를 풀기 위해 그들을 존중하는 태도, 진실한 뉘우침, 진정한 사과, 내가 짊어져야 할 책임을 다하는 노력 등을 보여야 한다.

넷째 유형은 '서로가 피해자인 경우'다. 나는 자신이 피해자라고 생각하지만, 상대방 역시 자신을 가해자로 보지 않고 피해자로 여기는 상황이다. 일정 기간 지속적인 갈등을 겪어 온 경우, 이처럼 서로가 모두 피해자라 생각하는 경우가 많다. 인간의 자기 중심성으로 인해 자신이 남에게 준 상처나 부당함은 잘 보지 못하는 경향을 나타내는 것이다. 이러면 나와 상대방의 화해는 일방의 용서만으로 가능하지 않다. 먼저 자신이 지금까지 보지 못했던 잘못, 책임, 그로 인한 상대방의 상처와 고통에 대해서도 진실하고 겸손히 성찰해야 한다. 복잡해진 갈등과 악화한 관계에는 나의 책임도 있을 수 있다는 겸허한 마음으로 상대방의 관점에서 이해하고 소통하려는 노력이 필요하다. 화해는 '상호성'을 갖고 있다. 갈등 관계 속에 있는 둘 중 한쪽의 마음과 행위의 변화만으로 이룰 수 없고, 내가 내민 손을 상대방이 마주 잡아야만 가능하다. 갈등의 악순환 사슬에 묶여 있는 상황에서 사태의 흐름을 화해로 바꾸기 위해서는 당사자 중 한 사람이 공평성을 넘어선 용서의 정신을 가질 때 가능하다. 그렇지 않는다면 서로가 상대방이 먼저 사과하기를 기다리는 기약 없는 기다림의 상태에 빠져들 가능성이 높다.

한국에서 화해가 언급되는 네 가지 맥락[319]

화해를 논의할 때는 어떤 화해인가, 누구와의 화해인가에 따라 그 말이 적용되는 내용과 화해의 목표가 달라질 수 있다. 국가와 국가 차원의 화해, 국가와 개인 간의 화해, 사적 개인들 사이의 화해도 있다. 한국 사회에서 '화해'라는 말은 크게 네 가지 맥락에서 언급되므로 화해 논의도 구분하여 살펴볼 필요가 있다.

첫 번째, '북한과의 관계에서 논의되는 화해'다. 정전 협정 70년

이 넘도록 군사적 긴장과 사회적 단절이 지속하는 남북 관계를 평화롭게 전환하려는 노력이 화해라는 주제와 긴밀히 연관되어 있기 때문이다. 1991년, 분단 이후 최초로 남북 당국 간 고위급 회담을 개최하여 탈냉전의 새로운 남북 관계에 관해 합의한 '남북 기본 합의서'는 남북 사이의 '화해'와 '불가침', '교류·협력'을 중요한 과제로 다뤘다. 여기서 제1장 '남북 화해' 항목으로 담긴 조항의 내용은 다음과 같다. 상대방의 체제 인정과 존중(제1조), 상대방의 내부 문제에 불간섭(제2조), 상대방에 대한 비방 중상 금지(제3조), 상대방을 파괴·전복하려는 일체 행위 중지(제4조), 현 정전 상태를 평화 상태로 전환하기 위해 공동 노력 및 현 군사 정전 협정 준수(제5조), 대결과 경쟁을 중지하고 서로 협력하며 민족의 존엄과 이익을 위하여 공동 노력(제6조), 판문점에 남북 연락 사무소 설치·운영(제7조), 남북 정치 분과 위원회 구성(제8조). 이처럼 남북 사이에서 화해의 필요성을 인식하고 실천 방식에 대한 논의를 통해 남북 합의가 이미 이루어진 바 있다.

두 번째, '식민지 유산 청산 및 극복과 관련하여 논의되는 화해'다. 일본과의 화해뿐만 아니라 친일파 문제, 군 위안부 성노예 문제, 재일 조선인 문제 등이 이에 해당한다. 한일 관계는 1965년 한일 기본 조약으로 한·일 국교 정상화를 이루고 정치, 경제, 문화, 사회 등 모든 분야에서 상호 교류를 확대해 나갔다. 1998년 '김대중-오부치 선언'을 계기로 한일 간 협력이 강화되고 화해의 모습에 가까워지는 듯했다. 하지만 이후 독도 문제, 역사 왜곡 문제, 강제 동원과 위안부 성노예 피해자 배상 문제로 불신이 커지며 여전히 화해의 과제가 남아 있는 상태다.

세 번째, '한국전쟁 및 권위주의 정부에서 이뤄진 국가 폭력 희생자 관련하여 논의되는 화해'다. 제주 4·3 사건, 한국전쟁기 양민 학살, 민주 항쟁 등 국가의 공권력에 의해 수많은 국민이 희생당했던 사건은 희생자와 유가족에게 깊은 상처를 남긴 채 오랜 기간 묻혀 있었다. 그러다가 민주주의 발전과 함께 비로소 화해의 정치가 본격화했다. 2005년 정부 차원에서 '진실 화해를 위한 과거사 정리 위원회'가 출범하고 과거사 조사와 진상 규명, 책임자 처벌, 책임 인정과 사죄 보상, 기념과 희생자 추모가 추진되고 있다.

네 번째, '사적 인간관계에서 겪게 된 상처로부터의 해소 차원에서 논의되는 화해'다. 사적인 개인들 사이의 화해에서도 사실 확인과 가해자에 대한 처벌 및 사과가 필요한 경우가 있지만, 무엇보다 피해자의 치유와 정상 회복이 중요하다. 피해자에게 2차 피해가 없도록 해야 하고, 가해자의 사과도 중요하지만 스스로 회복과 내면적 화해를 위해 피해자의 우선적 화해 조치나 용서를 통한 치료가 권유되기도 한다.

화해를 위한 핵심 요소

학자마다 다양한 견해를 갖고 화해의 과정과 요소를 말한다. 그 중에서도 존 폴 레더라크John Paul Lederach는 '평화가 어떻게 만들어지는가(평화 구축)'에 대한 이론을 발전시킨 대표적 학자이자, 세계 각국에서 30년 가까이 분쟁 중인 나라의 화해를 도운 실천가다.

레더라크는 화해의 핵심 요소를 '진실, 자비, 정의, 평화'라고 강조한다. 그리고 화해가 이루어지는 공간에서 이 모순적인 가치들이 충돌한다고 하였다. '진실'은 상대가 잘못을 인정함으로써 자신의 고통스러운 경험과 손실이 확인되기를 바라는 마음이다. 과거 사건에 대한 투명성과 명확성, 인정, 공개가 여기에 포함된다. '자

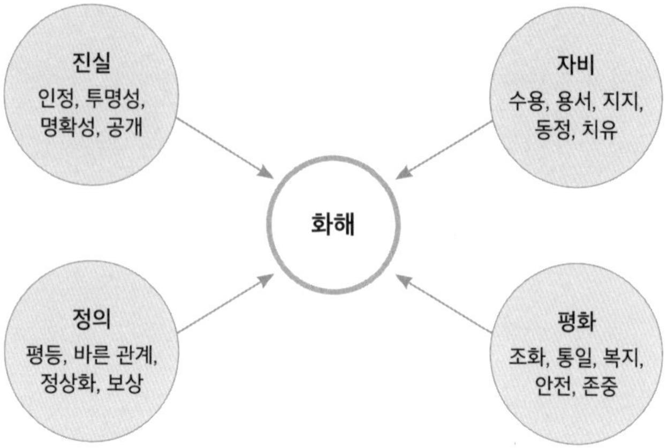

(**출처** 김병로 외: 용서와 화해 그리고 치유 [새물결플러스, 2022], p.120)

비'는 새로운 시작의 필요성을 위해 상대를 받아들이고 과거를 초월하는 마음이다. 수용, 용서, 지지, 동정, 치유와 같은 것들이다. '정의'는 개인이나 집단의 권리, 손해 배상, 사회의 재구성을 추구하는 마음이다. 평등, 보상, 바로잡음, 바른 관계 정상화가 여기에 포함된다. '평화'는 삶의 행복과 평안, 상호 의존성, 안보를 바라는 마음이다. 조화, 통일, 복지, 안전, 존중 등이 포함된다. 화해가 이루어지는 공간에서는 진실과 자비가 충돌하고 정의와 평화가 부딪히게 된다. 그러나 레더라크는 "긍휼과 진리가 같이 만나고 의와 화평이 서로 입 맞추는(구약 성서 시편 85:10)"이라는 말씀처럼, 서로 다른 가치일지라도 진실은 자비와 짝을 이루고 정의는 평화와 짝을 이루며 연결될 때 화해로 승화될 수 있다고 보았다.◆320

이처럼 화해의 공간에서 서로 다른 가치들이 부딪히는 이유는, 화해가 고통스러운 과거의 경험을 털어놓는 한 측면과 상호 의존적이고 장기적인 미래를 추구하는 다른 측면 사이의 만남이기 때문이다. 레더라크는 '인정'이 화해의 과정에서 결정적인 역할을 한다고 보았다. 사람들은 상처와 그로 인한 슬픔, 불의에 대한 고통과 분노를 표현할 기회와 공간이 필요한데, 우리가 다른 사람의 이야기를 듣고 그 경험과 감정을 인정함으로써 관계 회복을 향한 모험을 시작하는 것이다. 특히 집단 사이의 갈등은 거대한 하나의 체계 속에서 발생하기에, 드러난 갈등에만 집중하기보다는 그 체계 안에 속한 관계에 초점을 맞춰야 화해가 이뤄질 수 있다. 그리고 갈등하는 두 집단이 상호 배타적 존재가 아닌 상호 의존적 존재임을 인식해야 한다. 이를 위해 갈등하는 집단을 서로 만나도록 중재하는 것도 화해다.◆321

화해의 과정과 절차 ◆322

국가 기관에 의한 폭력으로 발생한 과거사에 대한 화해는 복합적인 과정과 절차를 통해 진행된다. 학자마다 화해의 과정에 대한 단계를 구분하는 내용에는 차이가 있지만, 진실한 '사과'를 하는 데서부터 시작되어야 한다는 점에는 이견이 없다.

《스탠퍼드 철학 백과사전》에서는 화해를 9단계 과정으로 설명한다.

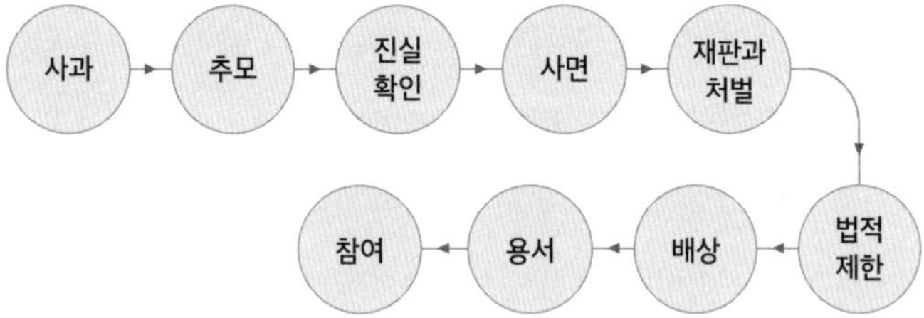

(**출처** 김병로 외: 용서와 화해 그리고 치유 [새물결플러스, 2022], p.111)

화해의 시작이 되는 '사과'는 자신이 잘못을 상대에게 인정하는 것인데, 그 사과에 얼마나 진정성이 담겨 있느냐를 두고 화해가 진전되지 못하는 경우가 허다하다. 이 때문에 '누가 가해자인가?' 보다 '누가 피해를 보았는가?'라는 시각에서 문제를 푸는 것이 더 도움이 된다. '누가 피해를 보았는가?'라는 질문은 가해자보다 피해자에게 초점을 맞출 수 있기 때문이다. 피해자의 관점에서 경험한 사건을 말하고 듣는 과정을 통해 공감이 생겨날 수 있고, 서로가 피해자일 수 있다는 생각에 이르기도 한다.

두 번째 단계인 '추모'는 비극적 사건이 발생한 장소를 보존하거나 기념비, 박물관 세우기, 행사, 교육 활동 등 다양한 형태로 이루어진다. 이러한 기억 활동은 과거의 사건을 보존하고 집단 기억을 보존함으로써 가해자가 과거 사건을 부정할 가능성을 차단하는 역할을 한다. 또한, 기념행사를 통해 집단의 반성을 끌어내고, 동시에 피해자들의 명예 회복과 존엄을 확인시켜 준다. 그러나 추모한다고 화해가 자동으로 이뤄지는 것은 아니다.

세 번째 단계인 '진실 확인'은 희생자에게 정확히 무슨 일이 일어났고, 그들이 어떤 고통을 겪었으며, 누가 어떤 명령을 내려 폭력이 발생했고, 어디에 시신이 묻혀 있는지 등의 사실을 밝히는 과정이다. 이러한 진실 규명 행위는 생존자의 고통을 해소하는 데 있어서 절대적이고 중요한 과정이다. 이를 위해서는 가해자와 피해자가 경험을 진술해야 하는데, 양측의 진술을 통해 진실을 규명하기 위해서는 일반적으로 '진실 위원회'를 설치하여 공개적인 조사를 통해 거짓 증언을 가리고 진실을 확보한다.

진실 확인 후에는 그 결과에 따라 '사면, 재판 및 처벌, 법적 제한, 배상'과 같은 법적 절차를 밟는다. 사면은 가해자에게 법적 처벌을 면제해 주는 것인데, 자칫 정의를 훼손할 우려가 있어 가급적 마지막 수단으로 사용된다. 재판 및 처벌은 피해자의 권리를 보호하고 존엄성을 되찾는 데 도움을 준다. 법적 제한은 과거 폭력 행위를 한 정권과 협력했는지 확인하기 위해 개인에 대한 조사를 요구하는 조치이다. 배상은 손실 보상을 통해 진정성 있는 사과를 표현하고 희생자에 대한 존중을 표현한다.

화해의 마지막 관문인 '용서'는 상대방이 지은 죄나 잘못을 덮어 주는 행위로 화해를 이루는 중요한 과정 중 하나다. 상대를 처벌하는 데서 끝난다면, 피해자도 가해자도 그 사건의 희생자로 머물 수 있다. 따라서 용서는 복수하려는 마음을 내려놓고 상처를 치유하며 새로운 관계를 시작하여 회복하도록 돕는다. 그러나 상황에 따라서는 피해자가 가해자를 용서하면서도 관계 회복은 거부하거나,

용서하지 않고도 화해를 끌어내는 것이 더 긍정적인 방안이 될 수도 있다.

같이 읽어 보면 좋은 개념 **분노** 087 | **용서** 154

협력 도울 협 協, 힘 력 力

협력의 의미와 필요성

협력이란 '힘을 합하여 서로 돕는 것, 타인과 함께 상호 이득이 되는 활동에 참여하는 것'이다. 여기에는 일상적인 삶에서의 협력뿐만 아니라 정치적이거나 군사적 목적의 협력도 포함된다. 많은 종이 보편적으로 협력하지만, 인간의 경우 협력이 가까운 친척들의 범위를 넘어 생면부지의 이방인들을 향해서도 이뤄진다. 인간은 다른 어떤 종들에 비해서도 대규모적인 협력을 한다는 점에서 예외적이다.◆323 루이스 토머스Lewis Thomas는 "파트너십을 형성하고 협력을 구축하는 것은 자연에서 나타나는 가장 오래되고 강력하고 기본적인 충동이다. 남과 상관없이 살아가는 생명체는 없다.

모든 생명체는 다른 생명체에 기대어 살아간다."라고 말했다.◆324

그러나 인간은 이기적인 동물이라는 관점과 경쟁이 효율적이라는 믿음이 오랫동안 계속되면서 경쟁을 부추기고 이기적인 성향을 이용하는 데에만 적합한 보상과 처벌 시스템을 설계해 왔다. 그 시스템이 국가와 사회, 학교 교실까지 장악하고 있다. 인간이 이기적이라는 믿음은 전적으로 틀리지 않고, 우리 자신 안에도 이기심이 있음을 알고 있으며, 상당한 사람들이 때때로 이기적으로 행동하기 때문에 옳다고 생각하기 쉽다. 하지만 인간이 이기적이라는 주장은 부분적으로만 사실이고, 항상 이기적인 사람은 그리 많지 않다. 인간의 이기심이 이타심보다 보편적이라는 추정은 냉전 기간 인기를 얻었다. 미국과 구소련의 권력 다툼이 자본주의와 자유 기업 대 사회주의와 집단 기업 간의 이데올로기 경쟁으로 표현되었고, 자유 시장 이데올로기에 반대하는 말을 하면 공산주의자 취급을 받는 분위기가 한동안 지배했다. 그러면서 인간은 자유 시장 시스템의 인센티브와 처벌에만 반응할 것이라는 믿음이 인기를 얻었다.◆325 이로 인해 사람들은 인위적으로 경쟁을 만들어 냈고, 인간은 필요 이상의 경쟁을 견디면서 스트레스를 못 이기고 질병에 걸리거나 심지어 목숨을 끊기도 한다. 경제학자 로버트 프랭크Robert Frank는 『경쟁의 종말』이란 책에서 끝없는 경쟁이 모두를 끝낼 수 있다고 경고하고 있다.[326]

한 가지 분명한 것은 인간이 항상 이기적이거나 합리적인 것은 아니며, 도덕률을 갖춘 존재라는 것이다. 사람들은 공감 능력이나 공평함에 대한 인식, 옳은 일을 해야 한다는 인식을 두고 때때로 손해를 보더라도 의사 결정 시에 그것을 고려한다. 또한, 인간은 사회적 존재로서 남을 돕거나 공동의 목표에 이바지하는 행동을 위해 이타적으로 행동하며 헌신하기도 한다. 최근 이루어진 수많은 연구 결과는 사람들이 생각보다 훨씬 더 협력적이고 이타적이라는 사실을 증명하고 있다. 또한, 이기심과 협력이 언제나 배타적인 개념은 아니다. 협력과 이익은 공존할 수 있으며 그 바탕 위에 사회 시스템을 재구성하는 것이 필요하다. 인간의 공감 능력과 옳고 공평한 일을 하려는 충동, 이타심과 선의에 기반한 협력 시스템을 이용하여 제도를 개혁하고, 교육을 바꾸며, 업무 환경을 개선하고, 과학을 발전시키고, 폭력과 범죄를 줄이며, 시민 운동을 키울 수 있다.[327] 역사상 그 어느 때보다도 지금, 우리는 서로 협력하는 법을 배울 필요가 많은 시대에 살고 있다.

협력 시스템의 구성 요소

협력 시스템은 사람들을 감시해 처벌하고 보상하는 방법보다 훨씬 안정되고 효과적으로 작용한다는 것이 다양한 실험 결과와 사례로 나타났다. 협력 시스템은 참여와 의사 전달, 공동의 목적의식과 정체성에 의존한다. 서로 협력하는 사회나 조직, 시스템을 만들기 위해 사람들에게 동기를 부여하려면 어떤 요소들이 필요할까? 하버드대 교수 요차이 벤클러Yochi Benkler는 협력 연구에 관해 가장 많이 인용되는 학자로 손꼽히는데, 그는 협력을 가능케 하는 데 중요한 요소를 다음과 같다고 생각했다.

첫째, 가장 중요한 것은 참가자들 간의 의사소통이다. 사람들은 의사소통 과정을 통해 더 많이 공감하고 신뢰하게 되기 때문이다. 또한, 의사소통 과정에서 더 쉽게 해결책에 도달할 수도 있다. 그래서 의사소통이 협력의 핵심 요소이다. 둘째, 실제로 만들어진 틀이 현실에 적합하고 진정성이 있어야 한다. 협력 시스템이라고 규정해 놓고, 경쟁적이거나 착취적인 구조로 되어 있다면, 잠시 몇몇 사람들을 속일 수 있을지 몰라도 많은 사람을 계속 속일 수는 없기에 협력이 지속하지 않을 것이다. 셋째, 공감과 연대감을 느낄수록 더 협력하고 싶은 마음이 생긴다. 의사소통을 통해 서로를 알아가고 그것이 공감과 연대감으로 이어졌을 때 타인의 이익을 고려할 가능성이 더 커지기 때문이다. 개인이 한 집단과 연대감을 느끼면 집단 전체를 위해 자기 이익을 희생시킬 가능성이 높아진다. 그러나 이럴 때 우리 집단과 성격이 다른 그들 집단에 대한 대립으로 충돌할 위험성이 있다는 것을 경계해야 한다. 넷째, 공평성을 갖춘 도덕적 시스템을 구축하는 것이 중요하다. 사람들은 자신을 공평하게 대한다고 믿을 때 협력하려는 마음을 갖는다. 이 말은 실적의 모든 면을 완벽하게 감시해서 보상이나 처벌하라는 뜻이 아니다. 자신이 속한 시스템이 공평하고, 사람들이 자신을 공평하게 대우할 마음이 있다는 것에 대한 믿음을 주는 것이 중요하다는 뜻이다. 또한, 어떤 규범을 위반할 시 처벌하는 것을 강조하기보다, 특정 상황에서 해야 할 도덕적인 행동이 무엇인지 설명하고 토론하고 이것을 강화하려고 노력할 때 사람들은 규범을 더 잘 준수하게 된다. 다섯째, 당근과 채찍이 동기 부여의 핵심 요소가 되어서는 안 되지만, 적절한 보상과 처벌은 협력하도록 만드는 방법을 찾는 데 효과가 있다. 보상과 인센티브의 경우 경제적 이익을 주는 방식으로 할 수도 있지만, 사회적으로 남들에게 좋은 사람으로 인식되고 도덕적으로 선행을 했다는 정신적 만족감을 주는 방식으로 보상할 수도 있다. 여섯째, 인간은 가지각색이고 저마다 다른 동기에 의해 행동하므로 인간의 다양성을 위해 설계를 할 필요가 있다. 사람들을 집단적인 노력에 참여하게 하거나 서로 생각을 조정하여 협력하게 하려면 융통성 있는 시스템을 갖춰야 한다. 이를 위해 불균형적인 기여, 즉 많든 적든 사람들이 원하는 만큼 이바지하게 놔두는 것이 필요하다. 이때 기여도가 높은 사람들은 리더나 전문가라는 인식을 얻는 경우처럼 사회적인 보상을 통해 자신의 기여에 대해 존중받는다고 느낄 수 있게 만드는 것이 중요하다.◆328

인간은 이기적이기도 하지만 한편으로는 이타적이다. 사람들은 생각보다 훨씬 더 협력적이고 너그럽다. 당근과 채찍을 이용하는 방식, 즉 이익을 위해 인센티브를 강화하거나 사람들을 감시해 처벌하고 보상하는 방법은 한계가 있다. 다양한 동기 부여를 통해 이타심과 선의에 기반한 협력 시스템을 만든다면 세상은 상대를 누르고 이기는 방식이 아니라 상대에게서 협력을 끌어내는 새로운 방식으로 움직이게 될 것이다.

협력의 걸림돌

중요한 과제를 완수하기 위해서는 관점이 다른 사람들과도 함께 일해야 한다. 문제를 해결하기 위해 협력은 더 중요해졌고 필수적일 때가 많지만 보통은 커다란 난관이 따른다. 협력이 절실할수록 그것을 더 어렵게 하는 것이 있는데, 바로 갈등 상황에서 나타나는 '적화敵火 증후군'이다. 적화 증후군은 자신의 문제와 고통의 원인이 상대에게 있다고 여기며 상대방을 적이라고 생각하고 행동하는 현상이다.◆329

적화는 우리 일상과 주변에서 흔히 찾아볼 수 있다. 때때로 동료나 상사, 고객, 이웃, 가족까지도 적화의 대상이 된다. 상대를 악마화하고 비난하며 파멸시켜야 할 적으로 보는 적화 증후군은 국내 정치와 국제 정치에도 만연해 있다. 적화가 유혹적인 이유는 나는 문제가 없고 눈앞의 문제도 자신의 책임이 아니라고 안심시켜 주기 때문이다. 또한, 적화는 복잡 미묘하고 어려운 현실을 흑백으로 단순화하여 대처하는 하나의 방법이기도 하다. 적화는 때때로 흥미진진하고 만족스러우며 자신을 정의롭고 영웅적으로 느껴지게 만들지만, 실제로는 갈등을 더 커지게 만들고 창의성의 공간을 좁히며 문제 해결을 어렵게 한다. 협력이 실패하면 분열과 양극화, 폭력성이 커질 수 있다. 적화 증후군에 걸린 사람은 대대적인 승리를 꿈꾸지만 대개 실현 불가능하고, 적과 싸우느라 정신이 팔려 꼭 필요한 일을 놓친다.◆330

세상은 너무나 빠르게 변하고 있다. 첨단 기술의 발전으로 기존의 정치, 사회, 조직, 가정의 위계질서가 무너지고, 변동성과 불확실성, 복잡성이 더 커졌다. 개인주의와 자유가 확대되고 다양성이 중요해지면서 사람들의 목소리는 커지고 복종하는 성향은 줄어들었다. 적이나 반대자들과 문제를 해결해야 하는 경우가 늘었지만, 협력은 점점 더 힘들어진다. 상대방의 사고방식이나 행동, 가치 지향이 나와 달라서 답답하고 "정말 같이 일 못 하겠네!"라는 말이 나온다면 협력의 어려움에 부딪힌 것이다. 이 말은 그 사람과 함께 일하기 싫거나 일할 필요가 없다거나 일할 수 없다는 뜻일 수 있다. 그런 상황이라면 그 사람을 피하거나 그 사람 없이 일하거나 그 사람을 반대하거나 이기려고 할 것이다. 그러나 그 사람을 피하거나 이길 수 없고, 그 사람을 배제하는 것이 어려운 상황이라 협력할 수밖에 없는 상황이라면, 싫어도 꼭 함께 일해야 한다면 어떻게 해야 할까?◆331

협력의 어려움은 정답이 하나밖에 없다는 가정에서 비롯된다. 나는 진실을 알고 남은 모른다는 생각, 나는 맞고 남은 틀렸다는 생각, 나는 무고하고 남은 유죄라는 생각은 '내가 더 우월하고 너는 열등하다'라는 믿음으로 변하기 쉽다. 그렇게 되면 타인의 답을 고려할 여지가 줄어들고 협력이 아닌 강요로 이어져 함께 일하기가 훨씬 어려워질 수 있다. 정치 철학자 아이제이아 베를린Isaiah Berlin은 "개인적이든 사회적이든 삶에서 가장 중요한 질문에 정답이 하나뿐이라는 생각은 틀렸다. 인류를 위한 단 하나의 진실이라는 이유로 유일한 이상을 추구하려고 하면 기필코 강제로 이어진다. 그 다음에는 피와 파괴를 초래한다."라고 하였다.◆332

따라서 협력이 필요할 때는 먼저 적화 증후군에서 벗어나야 하고, 하나의 정답이나 진실, 해결책에 합의하려고 하는 게 아니라 그런 합의가 없는 상태에서 함께 나아갈 방법을 찾아야 한다. 모든 사람의 행동이 의도된 결과로 이어지는 통제된 상황에서는 전통적인 협력 방식이 통했다. 하지만 통제가 어려운 상황에서 다양한 사람들과 협력해야 할 때는 새로운 협력 방식이 필요하다.

협력은 하나의 선택지

사람들은 일반적으로 협력이 가장 최선이고 옳은 선택지라고 생각할지 모른다. 문제의 당사자는 서로 연결되어 있고 상호 의존적이므로 힘을 합치는 것이 우리가 해야 할 대응 방식이라고 말이다. 하지만 우리 경험을 돌이켜 보면 상대가 누구든 협력이 항상 가능한 것은 아니며, 불가능한 때도 있었다는 것을 알 수 있다. 세계적인 갈등 해결 전문가 애덤 카헤인Adam Kahane은 협력이 항상 최선의 선택지거나 유일한 선택지는 아니라고 했다. 우리가 집이든 일터에서든 정치에서든 문제 상황에 부딪혔을 때 '협력, 강제, 적응, 퇴장'이라는 다양한 방식으로 대처할 수 있다는 것이다.◆333

우리가 처한 상황이 이 중 어디에 해당하는지를 먼저 파악해야 하고, 그중 협력이 하나의 선택지가 될 수 있다.

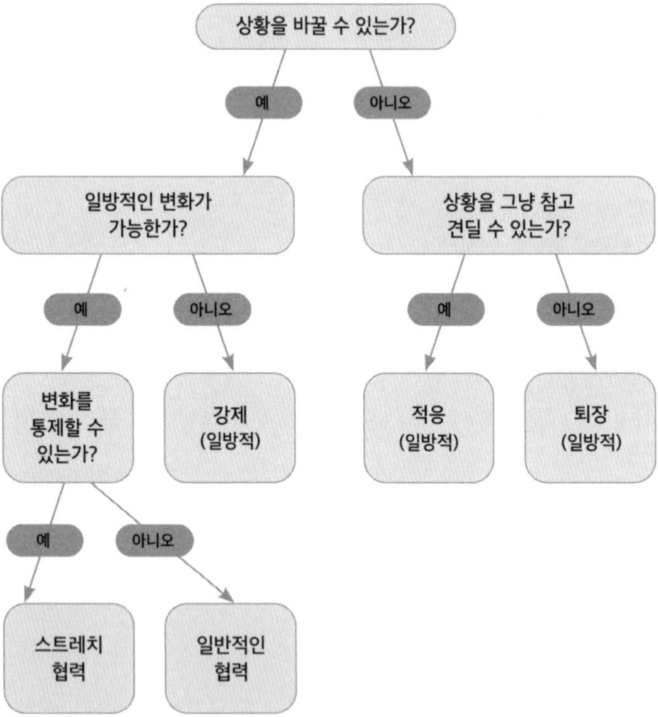

(**출처** 애덤 카헤인: 협력의 역설 [메디치미디어, 2020], p.93)

우리는 타인과 힘을 합하지 않고도 필요한 변화를 이룰 수 있다고 판단할 때 '강제'를 사용한다. 자신이 가장 좋은 방법을 알고 있다고 여겨 일방적으로 강요하는 것이다. 공정한 대의를 위한 강제는 대개 옳다고 여겨지고 오히려 강제를 활용하지 않는 것은 잘못되었다고 평가되기도 한다. 강제의 장점은 습관적인 대다수 사고방식과 부합하고 여러 가지 방법으로 가능하다는 것이다. 하지만 강제는 평화적인 방법뿐만 아니라 폭력이나 타도를 통해서도 추진되어 오히려 상대방의 반발을 낳고, 원하는 결과에 도달할 수 없는 경우가 많다는 단점이 있다.◆334

만약 상황을 바꿀 수 없다고 생각되어 그냥 받아들여야만 할 때 우리는 '적응'을 시도한다. 내가 영향을 끼칠 수 없는 영역에서 일어나는 일이라면 그 상황을 회피하거나 무시하거나 받아들이기로 하고, 가능한 자신이 할 수 있는 일에만 최선을 다하는 데 집중한다. 적응의 장점은 바꿀 수 없는 일에 에너지를 소진하지 않고 살아갈 수 있고, 적응이 효과적이거나 최선책이 될 때도 있다는 것이다. 그러나 단점은 적응하려는 시도 자체가 너무 힘들고 끔찍한 상황에 부닥칠 수도 있다.◆335

한편 우리가 상황을 바꿀 수도 없고 더 이상 견디고 싶지도 않을 때 활용하는 것이 '퇴장'이다. 퇴장은 중단이나 손 떼기, 이혼 등으로 가능하다. 때로는 퇴장이 불행을 벗어나기 위한 부득이한 선택이 될 수 있다. 하지만 퇴장으로 중요한 많은 것을 포기해야만 할 수도 있다.◆336

우리가 '협력'을 선택할 때는 상황을 바꾸고 싶고 타인과 함께 일해야만 한다고 판단할 때다. 혼자서는 문제를 해결할 수 없고, 해결 방법을 알아도 실행할 수 없는 경우가 이에 해당한다. 협력은 친구나 동료뿐만 아니라 경쟁자나 반대자, 적 등과 함께 효과적인 방법을 찾고 힘을 합치면서 거대한 영향력을 잇는 기회를 제공한다. 그러나 때로는 협력을 통한 성과가 너무 적거나 느리고 타협 과정에서 중요한 것을 저버릴 위험도 있다.◆337 따라서 협력은 문제 해결 과정에서 선택되어야 한다. 그리고 기적 같이 협력이 선택되었다면 어떤 방법으로 협력해야 할지 또다시 두 가지로 선택할 수 있는데, 애덤 카헤인은 그것을 '전통적인 협력'과 '스트레치 협력'으로 구분했다.

전통적인 협력과 스트레치 협력

협력이 필수적인 상황에서 협력이 어렵거나 불가능하게 느껴지는 이유는 협력에 대한 고정 관념과 오해 때문일 수 있다. 사람들이 일반적으로 생각하는 전통적인 협력은 당사자들이 모두 같은 방향을 보고, 목적과 달성 방법에 관한 생각도 동일하며, 생각이 다른 상대를 변하도록 통제할 수 있고, 통제해야 한다고 생각한다. 하지만 다양한 사람들과 일해야 하고 상황이 복잡한 경우 이러한 방식은 통하지 않기 때문에 스트레치 협력이 필요하다.◆338

관계를 맺는 방식에 있어서 전통적인 협력에서는 억압이나 통제를 통해 팀의 화합과 목표, 대의를 달성하거나 가장 좋은 해결책을 찾는 것에 초점을 맞춘다. 팀은 하나의 우월한 전체이고, 팀 전체의 이익과 조화에 집중하도록 관계를 맺는다. 그러나 팀원들의 관점과 소속, 관심사가 다르고, 통제되지 않는 상황에서는 그렇게 초점을 맞추는 것이 불가능하다. 그래서 스트레치 협력의 출발은 불협화음을 거부하는 것이 협력이라는 오해를 내려놓고 '갈등과 연결을 수용하는 것'이다. 전통적인 협력은 참여에 초점을 맞추고 주장을 허용하지 않으므로 경직되고 결국 꽉 막혀 버린다. 반면 스

트레치 협력은 주장과 참여 사이를 순환하므로 사회 시스템이 더 높은 수준으로 발전할 수 있다.◆339

과제를 진행하는 방식에 있어서 전통적인 협력은 하나의 최적 계획을 만들고 구성원 전원이 해결책과 실행 방안, 실행에 동의함으로써 앞으로 나아간다. 이 접근법은 통제 가능한 단순한 상황에서는 효과적이다. 하지만 복잡하고 통제되지 않는 상황에서는 어떻게 협력할까? 이럴 때 스트레치 협력은 참가자들이 문제나 해결책에 합의하는 것은 불가능하고 꼭 그럴 필요도 없다는 사실을 인정한다. 그리고 다양하고 새로운 전략을 유연하게 실험해 봄으로써 진전하려고 한다. 즉 참가자들이 자유롭게 창의적인 대안을 만들고 행동을 통해 앞으로 나아가는 것을 중요시한다.◆340

상황에 참여하는 방식에 있어서 전통적인 협력에서는 협력 범위 밖에 있거나 집단행동의 대상이 되는 사람의 방식을 바꾸는 것에 초점을 맞춘다. 이 또한 단순하고 통제 가능한 상황에서는 효과적인 방법이 될 수 있겠지만, 복잡하고 통제되지 않는 상황이라면 자신의 행동으로 초점을 옮겨야 한다. 즉 스트레치 협력에서는 상대방의 생각과 행동만 바뀌면 문제가 해결되리라는 생각을 내려놓고, 내가 현재 상황에 끼치고 있는 영향에 대해 돌아보며 상황이 바뀌려면 자신이 무엇을 해야 하는지에 집중한다. 그리고 익숙하고 안전한 것 대신 자신이 인식한 그 부분을 바꾸는 책임을 진다.◆341

애덤 카헤인Adam Kahane이 제안한 스트레치 협력의 기본 원리를 정리하면 ① 모든 사람의 입장이 가치 있고 타당하다는 사실을 인정하고, ② 다양하고 새로운 실험으로 함께 배우는 경험을 통해 진전을 이루며, ③ 자신이 문제 상황의 일부분임을 깨닫고 스스로가 할 수 있는 일에 집중하는 것이다. 결국 가족, 직장, 사업, 공동체, 정치 관련 문제를 해결하고 국내 및 국제적 과제를 완수하려면 다른 사람과 같이 일하지 않으면 안 된다. 전통적인 협력 방식이 효력이 없다면, 낯설고 불편할 수 있겠지만 새로운 협력 방식을 통해 우리 삶의 변화를 시작해 볼 수 있다.

같이 읽어 보면 좋은 개념 **갈등** 023 | **화해** 297

• 미주 •

1 젱하스에게 평화란 여섯 가지 문명화 요소(국가 권력의 정당한 독점, 국가 권력의 독점이 잘못 사용되는 것을 막을 법의 지배, 상호의존을 통해 생겨나는 갈등 억제, 정치 결정 과정에서의 민주적 참여, 분배정의와 기회균등을 포함하는 사회 정의, 건설적인 갈등 해결 문화)가 잘 갖추어진 결과이다.

2 서보혁·강혁민, "평화 개념 연구의 의의와 범위," 서보혁·강혁민 엮음, 『평화개념 연구』, (서울: 도서출판 모시는사람들, 2022), pp.20~23

3 서보혁·강혁민(2022), p.15

4 한국국제이해교육학회, 『모두를 위한 국제이해교육』, (서울: 도서출판살림터, 2015), p.66

5 이동기·송영훈, 『평화·통일교육 추진전략 연구』, (유네스코한국위원회, 2014), pp.22~27

6 김연철·서보혁·황수환, 『평화학 개론』, (서울: 박영사, 2002), pp.49~61

7 김연철·서보혁·황수환(2022), pp.63~73

8 김연철·서보혁·황수환(2022), pp.75~87

9 김연철·서보혁·황수환(2022), pp.89~98

10 김은영, 「OECD 교육 2030 : 미래 교육과 역량」, 『서울교육』 해외 교육 2018 여름호(231호)

11 정주진, 『갈등 해결 수업』, (철수와영희, 2021), pp.18~19

12 중학교 1학년 국어 교과서

13 MBC 뉴스, https://imnews.imbc.com/replay/2022/nwdesk/article/6351315_35744.html(검색일 : 2022.10.10.)

14 동아일보, https://www.donga.com/news/article/all/20220411/112792594/1(검색일: 2022.10.11.)

15 OECD 한국 갈등 지수(2016년)

16 김왕근·조형일, 『한국 사람들은 왜 이렇게 서로 싸울까?』, (페이퍼로드, 2020), pp.17~23

17 최완규·김성일, 『나는 오늘도 갈등한다』, (매일경제신문사, 2016), pp.50~52

18 이민식, 『갈등을 잘 다루니 인간관계가 쉬워졌습니다』, (메이트북스, 2019), pp.142~144

19 이민식(2019), pp.277~278

20 이민식(2019), pp.142~144

21 김병로, 『한반도 發 평화학』, (박영사, 2021), pp.67~69

22 요한 갈퉁, 『평화적 수단에 의한 평화』, (들녘, 2000), p.19

23 요한 갈퉁(2000), pp.205~214

24 김병로, 『한반도 發 평화학』, (박영사, 2021), pp.67~70

25 김병로(2021), pp.74~77

26 데이비드 호우, 『공감의 힘』, (지식의 숲, 2014), pp.18~19

27 데이비드 호우(2014), pp.30~31

28 박성희·이재용·김기종·남윤미·김경수·심진규·최준섭·김은혜, 『공감 정복 6단계』, (학지사, 2017), pp.10~13

29 데이비드 호우, 『공감의 힘』, (지식의 숲, 2014), p.215

30 박성희·이재용·김기종·남윤미·김경수·심진규·최준섭·김은혜, 『공감 정복 6단계』, (학지사, 2017), pp.12~13

31 박성희·이재용·김기종·남윤미·김경수·심진규·최준섭·김은혜(2017), pp.13~14

32 박성희·이재용·김기종·남윤미·김경수·심진규·최준섭·김은혜(2017), p.14

33 데이비드 호우, 『공감의 힘』, (지식의 숲, 2014), pp.142~147

34 데이비드 호우(2014), pp.146~149

35 마셜 B. 로젠버그, 『비폭력대화』, (한국NVC센터, 2019), pp.165~166

36 마셜 B. 로젠버그(2019), pp.166~169

37 박성희·이재용·김기종·남윤미·김경수·심진규·최준섭·김은혜, 『공감 정복 6단계』, (학지사, 2017), pp.25~31

38 마셜 B. 로젠버그, 『비폭력대화』, (한국NVC센터, 2019), pp.166~175

39 박성희·이재용·김기종·남윤미·김경수·심진규·최준섭·김은혜, 『공감 정복 6단계』, (학지사, 2017), pp.273~275

40 마셜 B. 로젠버그, 『비폭력대화』, (한국NVC센터, 2019), pp.172~174

41 박성희·이재용·김기종·남윤미·김경수·심진규·최준섭·김은혜, 『공감 정복 6단계』, (학지사, 2017), pp.317~318

42 구현정, 『대화의 기법: 이론과 실제』, (경진, 2009), p.25

43 구현정(2009), p.206

44 구현정(2009), pp.207~217

45 구현정(2009), pp.218~222

46 구현정(2009), pp.222~233

47 마셜 B. 로젠버그, 『비폭력대화』, (한국NVC센터, 2019), pp.10~13

48 마셜 B. 로젠버그(2019), pp.23~26

49 마셜 B. 로젠버그(2019), pp.23~37

50 마셜 B. 로젠버그(2019), pp.12~13

51 마셜 B. 로젠버그(2019), pp.223~226

52 마셜 B. 로젠버그(2019), pp.226~232

53 마셜 B. 로젠버그(2019), pp.233~239

54 마셜 B. 로젠버그(2019), pp.243~246

55 마셜 B. 로젠버그(2017), pp. 99~106

56 샘 혼, 『적을 만들지 않는 대화법』, (갈매나무, 2022), pp.21~24

57 박상훈, 『민주주의의 시간』, (후마니타스, 2017), pp.11~12

58 박상훈(2017), pp.35~38

59 정동준, "민주주의," 김성철·이찬수 엮음, 『평화의 여러 가지 얼굴』, (서울대학교출판문화원, 2020), pp.337~339

60 정동준(2020), pp.338~341

61 위키백과, https://ko.wikipedia.org/wiki/민주평화론 (검색일: 2024.1.5.)

62 나무위키, https://namu.wiki/w/민주평화론 (검색일: 2024.1.5.)

63 중앙일보, 2006.2.8. https://www.joongang.co.kr/article/2143866#home (검색일: 2024.1.5.)

64 남승현·김성훈·윤남선, 『Why? 슘페터 자본주의 사회주의 민주주의』, (예림당, 2016), pp.148~149

65 손기화, 『슘페터 자본주의 사회주의 민주주의』, (주니어김영사, 2019), pp.212~149

66 남승현·김성훈·윤남선, 『Why? 슘페터 자본주의 사회주의 민주주의』, (예림당, 2016), pp.99~110

67 신광영, 『스웨덴 사회민주주의』, (한울아카데미, 2015), pp.17~18

68 박홍규, 『복지국가의 탄생』, (아카넷, 2018), pp.6~7

69 위키백과, https://ko.wikipedia.org/wiki/%EC%82%AC%ED%9A%8C%EB%AF%BC%EC%A3%BC%EC%A3%BC%EC%9D%98(검색일: 2024.7.19)

70 나무위키, https://namu.wiki/w/민주주의 (검색일: 2024.1.5.)

71 조지프 슘페터, 『자본주의·사회주의·민주주의』, (한길사, 2013), pp.512~515

72 남승현·김성훈·윤남선, 『Why? 슘페터 자본주의 사회주의 민주주의』, (예림당, 2016), pp.150~154

73 조지프 슘페터, 『자본주의·사회주의·민주주의』, (한길사, 2013), pp.512~515

74 박상훈, 『민주주의의 시간』, (후마니타스, 2017), pp.21~31

75 인디고 서원, 『Doing Democracy 두잉 데모크라시』, (궁리출판, 2018), p.45

76 인디고 서원(2018), p.45

77 인디고 서원(2018), pp.45~46

78 인디고 서원(2018), pp.46~47

79 인디고 서원(2018), pp.47~48

80 인디고 서원(2018), pp.48~50

81 딕 티비츠, 『용서의 기술』, (알마, 2009), pp.76~77

82 마샤 캐넌, 『똑똑하게 분노하라』, (대림북스, 2011), pp.27~28

83 EBS 당신이 화내는 진짜 이유 제작팀, 『당신이 화내는 진짜 이유』, (토네이도, 2015), pp.33~34

84 EBS 당신이 화내는 진짜 이유 제작팀(2015), pp.175~176

85 EBS 당신이 화내는 진짜 이유 제작팀(2015), pp.71~75

86 딕 티비츠, 『용서의 기술』, (알마, 2009), pp.78~81

87 딕 티비츠(2009), pp.81~85

88 스티븐 체리, 『용서라는 고통』, (황소자리, 2013), pp.116~118

89 딕 티비츠, 『용서의 기술』, (알마, 2009), pp.85~88

90 딕 티비츠(2009), pp.89~92

91 메듀 맥케이·피터 로저스·주디스 맥케이, 『분노의 기술』, (이너북스, 2008), pp.41~64

92 마샤 캐넌, 『똑똑하게 분노하라』, (대림북스, 2011), pp.41~42

93 마샤 캐넌(2011), pp.51~80

94 메듀 맥케이·피터 로저스·주디스 맥케이, 『분노의 기술』, (이너북스, 2008), pp.99~112

95 메듀 맥케이·피터 로저스·주디스 맥케이(2008), pp.112~117

96 김병로, "한반도 비평화와 분단폭력," 김병로·서보혁 엮음, 『분단폭력』, (아카넷, 2016), p.30

97 박은봉, 『한국사 편지5』, (책과함께어린이, 2018), pp.195~198

98 카이로 선언 특별 조항으로 "현재 한국민이 노예 상태 아래 놓여 있음을 유의하여 앞으로 적절한 절차에 따라 한국의 자유와 독립을 줄 것이다."라고 명시하였다.

99 문재갑, 『이야기 교과서 한국사』, (아롬주니어, 2021), pp.16~19

100 김병로, "한반도 비평화와 분단폭력," 김병로·서보혁 엮음, 『분단폭력』, (아카넷, 2016), p.30

101 김병로(2016), p.31

102 양동안, "한반도 분단의 정확한 원인 규명," 『정신문화연구』, 겨울호 제30권 제4호 (한국중앙연구원, 2007), pp.139~175

103 박은봉, 『한국사 편지5』, (책과함께어린이, 2018), pp.200~201

104 문원림, 『보고 듣고 말하는 호락호락 한국사 7.근현대』, (뭉치, 2018), pp.87~89

105 정혁, 『나는 통일이 좋아요』, (대교북스주니어, 2019), pp.26~29

106 김병로, "한반도 비평화와 분단폭력," 김병로·서보혁 엮음, 『분단폭력』, (아카넷, 2016), pp.31~32

107 김병로(2016), p.35

108 김병로(2016), p.35~36

109 김병로, "한반도 비평화와 분단폭력," 김병로·서보혁 엮음, 『분단폭력』, (아카넷, 2016), p.36

110 김병로(2016), p.37

111 송영훈, "적대의식과 상징정치," 김병로·서보혁 엮음, 『분단폭력』, (아카넷, 2016), pp.139~144

112 송영훈(2016), pp.145~146

113 송영훈(2016), pp.150~151

114 송영훈(2016), pp.146~153

115 서보혁, "분단폭력의 본질과 그 너머," 김병로·서보혁 엮음, 『분단폭력』, (아카넷, 2016), pp.287~291

116 서보혁, 『한국 평화학의 탐구』, (박영사, 2019), pp.46~48

117 서보혁(2019), p.48

118 구도완, "생태," 김성철·이찬수 엮음, 『평화의 여러 가지 얼굴』, (서울대학교출판문화원, 2020), pp.27~28

119 오렐리앙 바로, 『어떻게 지구를 구할까?』, (구름서재, 2022), pp.17~20

120 오렐리앙 바로(2022), pp.21~34

121 김연철·서보혁·황수환, 『평화학 개론』, (박영사, 2022), pp.76~78

122 녹색연합 홈페이지, https://www.greenkorea.org/%EB%AF%B8%EB%B6%84%EB%A5%98/8505/(검색일: 2024.1.16.)

123 김연철·서보혁·황수환, 『평화학 개론』, (박영사, 2022), p.78

124 유발 하라리, 『사피엔스』, (김영사, 2016), pp.490~494

125 김연철·서보혁·황수환, 『평화학 개론』, (박영사, 2022), p.79

126 김연철·서보혁·황수환(2022), p.80

127 강금실, 『지구를 위한 변론』, (김영사, 2021), pp.108~112

128 강금실(2021), pp.114~138

129 구도완, 『생태민주주의』, (한티재, 2018), p.144

130 구도완, "생태," 김성철·이찬수 엮음, 『평화의 여러 가지 얼굴』, (서울대학교출판문화원, 2020), pp.40~43

131 정주진, 『평화를 보는 눈』, (개마고원, 2017), pp.146~149

132 오렐리앙 바로, 『어떻게 지구를 구할까?』, (구름서재, 2022), pp.64~67

133 잔 카제즈, 『동물에 대한 예의』, (책읽는수요일, 2011), pp.141~144

134 피터 싱어, 『동물 해방』, (연암서가, 2012), pp.361~388

135 전범선, 『동물권을 묻는 십대에게』, (서해문집, 2023), pp.53~55

136 오렐리앙 바로, 『어떻게 지구를 구할까?』, (구름서재, 2022), pp.23~32

137 KBS뉴스, https://news.kbs.co.kr/news/pc/view/view.do?ncd=7816186(검색일:2024.1.20.)

138 뉴스트리, https://www.newstree.kr/newsView/ntr202311300006(검색일:2024.1.21)

139 공우석, 『지구와 공생하는 사람 생태』, (이다북스, 2020), pp.182~187

140 오렐리앙 바로, 『어떻게 지구를 구할까?』, (구름서재, 2022), pp.53~57

141 위키백과 https://ko.wikipedia.org/wiki/%ED%8C%8C%EB%A6%AC_%ED%98%91%EC%A0%95_(2015%EB%85%84)#%EB%AF%B8%EA%B5%AD%EC%9D%98_%EC%9E%AC%EA%B0%80%EC%9E%85(검색일: 2024.1.20.)

142 김정민, 『멸종을 선택하지 마세요』, (우리학교, 2022), pp.119~125

143 오렐리앙 바로, 『어떻게 지구를 구할까?』, (구름서재, 2022), pp.80~84

144 정승철, "안보," 김성철·이찬수 엮음, 『평화의 여러 가지 얼굴』, (서울대학교출판문화원, 2020), pp.270~271

145 정승철(2020), pp.271~274

146 정승철(2020), pp.274~276

147 황보근영·구옥경·권윤호·김성희·김수현·박대훈·방연주·윤기홍·이종두·정용민·하영란·박태환, 『고등학교 평화 시대를 여는 통일시민』, (경기도교육청, 2017), pp.56~57

148 정승철, "안보," 김성철·이찬수 엮음, 『평화의 여러 가지 얼굴』, (서울대학교출판문화원, 2020), pp.275~276

149 위키백과, https://ko.wikipedia.org/wiki/%EC%9D%B8%EA%B0%84_%EC%95%88%EC%A0%84(검색일 : 2023.12.19.)

150 황보근영·구옥경·권윤호·김성희·김수현·박대훈·방연주·윤기홍·이종두·정용민·하영란·박태환, 『고등학교 평화 시대를 여는 통일시민』, (경기도교육청, 2017), pp.56~57

151 정승철, "안보," 김성철·이찬수 엮음, 『평화의 여러 가지 얼굴』, (서울대학교출판문화원, 2020), pp.281~282

152 매향리 사격장의 아픔, 화성 매향리 평화역사관, https://invitetour.tistory.com/2034(검색일 : 2023.12.21.)

153 정승철, "안보," 김성철·이찬수 엮음, 『평화의 여러 가지 얼굴』, (서울대학교출판문화원, 2020), pp.282~283

154 김병로, 『한반도 發 평화학』, (박영사, 2021), p.87

155 김병로(2021), p.88

156 김연철·서보혁·황수환, 『평화학 개론』, (박영사, 2002), p.23

157 황보근영·구옥경·권윤호·김성희·김수현·박대훈·방연주·윤기홍·이종두·정용민·하영란·박태환, 『평화 시대를 여는 통일시민』, (경기도교육청, 2017), p.54

158 김병로, 『한반도 發 평화학』, (박영사, 2021), p.89

159 변준희, 「독일 통일을 가능케 했던 안보 패러다임의 전환」, 남북평화재단 평화이야기, 2013의 내용을 수정·보완한 것임을 밝힘.

160 황보근영·구옥경·권윤호·김성희·김수현·박대훈·방연주·윤기홍·이종두·정용민·하영란·박태환, 『평화 시대를 여는 통일시민』, (경기도교육청, 2017), pp.52~53

161 스티븐 체리, 『용서라는 고통』, (황소자리, 2013), pp.102-104

162 스티븐 체리(2013), pp.89-101

163 Robert D. Enright & Richard P. Fitzgibbons, 『용서심리학』, (시그마프레스, 2011), pp.26~29

164 스티븐 체리, 『용서라는 고통』, (황소자리, 2013), p.131

165 스티븐 체리(2013), pp.131~139

166 스티븐 체리(2013), pp.132~133

167 Robert D. Enright & Richard P. Fitzgibbons, 『용서심리학』, (시그마프레스, 2011), pp.44~45

168 Robert D. Enright & Richard P. Fitzgibbons(2011), pp.46~47

169 Robert D. Enright & Richard P. Fitzgibbons(2011), pp.47~53

170 Robert D. Enright & Richard P. Fitzgibbons(2011), pp.51~52

171 Robert D. Enright & Richard P. Fitzgibbons(2011), pp.48~49

172 Robert D. Enright & Richard P. Fitzgibbons(2011), pp.54~55

173 딕 티비츠, 『용서의 기술』, (알마, 2009), pp.20~21

174 딕 티비츠(2009), pp.38~44

175 프레드 러스킨, 『용서』, (중앙m&b, 2003), pp.38~44

176 프레드 러스킨(2003), p.121

177 스티븐 체리, 『용서라는 고통』, (황소자리, 2013), p.17

178 데니스 린·쉴라 린·마테오 린, 『너무 빨리 용서하지 마라』, (성바오로, 2016), pp.51~52

179 데니스 린·쉴라 린·마테오 린(2016), pp.60~133

180 윌리엄 A 메닝거, 『용서의 과정』, (바오로딸, 2004), PP.65~94

181 최현, 『인권-Vita Activa 개념사-01』, (책세상, 2009), PP.65~94

182 정진성, 『유엔과 인권규범의 형성』, (나남, 2019), pp.5~23

183 최현, 『인권-Vita Activa 개념사-01』, (책세상, 2009), PP.14~17

184 정진성, 『유엔과 인권규범의 형성』, (나남, 2019), pp.24~26

185 린 헌트, 『인권의 발명』, (돌베개, 2009), pp.7~20

186 런 헌트, 『인권의 발명』, (교유서가, 2022), pp.21~22

187 런 헌트(2022), pp.24~25

188 이기규, 『마땅히 누려야 할 인권 탐구생활』, (파란자전거, 2018), pp.31~36

189 이부록·조효제·안지미 『세계인권선언』, (프롬나드, 2012), pp.7~15

190 정진성, 『유엔과 인권규범의 형성』, (나남, 2019), pp.5~6

191 정진성(2019), pp.24~141

192 이기규, 『마땅히 누려야 할 인권 탐구생활』, (파란자전거, 2018), pp.37~40

193 이기규(2018), pp.40~41

194 이기규(2018), pp.42~43

195 이기규(2018), pp.71~75

196 이부록·조효제·안지미, 『세계인권선언』, (프롬나드, 2012), p.18

197 정진성, 『유엔과 인권규범의 형성』, (나남, 2019), pp.167~168

198 정진성(2019), pp.169~185

199 정진성, 2018, "평화권 논의의 구조와 전망." 『인권연구』, 1(1), pp.2~22

200 존 스튜어트 밀, 『자유론』, (문예출판사, 2009), pp.244~251

201 나무위키 https://namu.wiki/w/%EC%9E%90%EC%9C%A0 (검색일: 2023.11.25.)

202 존 스튜어트 밀, 『자유론』, (문예출판사, 2009), pp.7~27

203 존 스튜어트 밀(2009), pp.46~48

204 존 스튜어트 밀(2009), pp.58~88

205 존 스튜어트 밀(2009), pp.89~107

206 존 스튜어트 밀(2009), pp.107~124

207 이근식, "자유주의란 무엇인가," 박세일·나성린·신도철 엮음, 『공동체 자유주의』, (나남, 2008), pp.26~47

208 이근식(2008), p.29

209 이근식(2008), pp.37~40

210 이근식(2008), pp.30~36

211 이근식, "자유주의란 무엇인가," 박세일·나성린·신도철 엮음, 『공동체 자유주의』, (나남, 2008), pp.37~50

212 한신대학교 평화교육센터, 『글로벌 평화와 한반도 통일의 이해』, (한신대학교출판부, 2020), pp.57~58

213 존G. 스토신저, 『전쟁의 탄생』, (플래닛미디어, 2009), pp.146~153

214 이동기·송영훈, 『평화·통일교육 추진전략 연구』, (유네스코한국위원회, 2014), pp.3~4

215 최영진, 『전쟁이라는 세계』, (한겨레엔, 2021), pp.22~25

216 존G. 스토신저, 『전쟁의 탄생』, (플래닛미디어, 2009), pp.6~7

217 존G. 스토신저(2009), pp.510~527

218 이동기·송영훈, 『평화·통일교육 추진전략 연구』, (유네스코한국위원회, 2014), pp.5~6

219 이진경, 『알기 쉽게 통으로 읽는 한국사 5』, (시공사, 2016), pp.206~208

220 한우리역사독서연구회, 『술술 넘어가는 우리 역사 5』, (해와나무, 2010), pp.161~162

221 한우리역사독서연구회(2010), p.162

222 브루스커밍스, 『브루스커밍스의 한국전쟁』, (현실문화연구, 2018), p.55

223 한우리역사독서연구회, 『술술 넘어가는 우리 역사 5』, (해와나무, 2010), pp.162~163

224 박은봉, 『한국사편지5』, (책과함께어린이, 2018), pp.226~237

225 김병로, "군사적 도발과 위협," 김병로·서보혁 엮음, 『분단폭력』, (아카넷, 2016), p.111

226 문원림, 『보고 듣고 말하는 호락호락 한국사 7.근현대』, (뭉치, 2018), p.98

227 브루스커밍스, 『브루스커밍스의 한국전쟁』, (현실문화연구, 2018), pp.213~221

228 브루스커밍스(2018), p.71

229 김병로, "군사적 도발과 위협," 김병로·서보혁 엮음, 『분단폭력』, (아카넷, 2016), p.112

230 국가기록원 홈페이지 https://theme.archives.go.kr/next/625/damageStatistic.do(검색일:2023.10.14.)

231 존 폴 레더라크, 『평화는 어떻게 만들어지는가』, (후마니타스, 2012), pp.22~29

232 존 폴 레더라크(2012), p.42

233 존 폴 레더라크(2012), pp.64~208

234 강순원, 『분단을 넘어서 북아일랜드 통합학교 기행』, (한울엠플러스, 2017), pp.24~32

235 한희원, 『정의로의 산책』, (삼영사, 2011), pp.29~31

236 한희원(2011), pp.46~54

237 한희원(2011), pp.55~56

238 한희원(2011), pp.46~48

239 차우규·양정석·황보근영·김상희·허은영·이형주·오진혁·이지훈·허꽃별, 『도덕②』, (금성출판사, 2020), pp.80~82

240 한희원, 『정의로의 산책』, (삼영사, 2011), pp.50~51

241 이용식, 「회복적 정의와 형사사법 정의」 『동아법학』, 제54권. 2012, pp.426~427

242 이용식(2012), pp.426~430

243 이용식(2012), pp.421~422

244 레디앙미디어(Redian), 2014.7.17. http://www.redian.org/archive/74037 (검색일: 2023.12.26.)

245 하워드 제어, 『회복적 정의란 무엇인가?』, KAP, 2015), pp.36~42

246 하워드 제어, 『회복적 정의 실현을 위한 사법의 이념과 실천』, (대장간, 2017), pp.37~40

247 하워드 제어(2017), pp.57~59

248 하워드 제어(2017), pp.52~56

249 이용식, 「회복적 정의와 형사사법 정의」 『동아법학』, 제54권. 2012, pp.423~424

250 통일부 국립통일교육원 『통일문제 이해』 (국립통일교육원 연구개발과, 2022), p.11

251 통일부 국립통일교육원(2022), P.11

252 통일부 국립통일교육원(2022), PP.14~15

253 김병로, "한반도 비평화와 분단폭력," 김병로·서보혁 엮음, 『분단폭력』, (아카넷, 2016) pp.32~34

254 통일부 국립통일교육원, 『통일문제 이해』, (서울: 국립통일교육원 연구개발과, 2022), PP.18~19

255 통일부 국립통일교육원, 『2023 통일교육 기본방향』, (서울, 국립통일교육원, 2023), p.7

256 통일부 국립통일교육원 홈페이지,https://www.uniedu.go.kr/uniedu/home/brd/bbsatcl/nsrel/view.do?id=16100&mid= (검색일: 2023.11.19.)

257 통일부 국립통일교육원 홈페이지, https://www.uniedu.go.kr/uniedu/home/brd/bbsatcl/nsrel/view.do?id=16206&mid= (검색일: 2023.11.19.)

258 임동원, 『다시, 평화』, (폴리티쿠스, 2022), pp.281~282

259 연합뉴스, https://m.yna.co.kr/view/AKR20231231010351504 (검색일: 2024,5,24.)

260 김병로, "한반도 신통일구상과 창조적 관여: 북한의 '두 국가' 정책에 대한 한국의 대응 모색," 『익숙한 미래? 한국국제정치의 새로운 상상력』 (한국국제정치학회 2024 하계학술대회, 2024.6.26.~28., 강릉 라카이 샌드파인 리조트)

261 김병로, "남북통일방안, 어떻게 발전시켜야 하나," 『국민과 함께 만드는 통일방안』 (민화협 주최 2022 통일정책포럼, 2022.9.19., 한국프레스센터)

262 변준희, "교육 영역에서 평화와 통합의 길", 『정전 70년, 우리는 어디로 가야 하는가』, 정전 70년 통일 컨퍼런스(2023), pp.101~102. (필자 발제 내용 인용 및 재정리)

263 한만길 외, 『통일교육 과거·현재·미래』, (통일연구원, 2011), p.45

264 한만길 외(2011), p.47

265 조정아, "2030 세대의 통일의식과 통일교육의 새로운 패러다임 모색," 『2030세대의 통일의식과 통일교육의 새로운 패러다임』, 통일교육원·한국통일교육학회 공동학술회의(2018), pp.15~16

266 김학재, "통합," 김성철·이찬수 엮음, 『평화의 여러 가지 얼굴』, (서울대학교출판문화원, 2020), pp.366~367

267 김학재(2020), pp.372~373

268 김학재(2020), pp.374~376

269 윤성욱, "유럽 통합의 역사," 윤성욱·안병억·김유정 엮음, 『EU에서 한반도의 미래를 찾다』, (메디치미디어, 2021), pp.24~26

270 손기화, 『유럽 통합의 역사와 미래』, (경기:주니어김영사, 2018), pp.366~367

271 윤성욱, "유럽 통합의 역사," 윤성욱·안병억·김유정 엮음, 『EU에서 한반도의 미래를 찾다』, (메디치미디어, 2021), pp.29~33

272 변준희, 「서독의 '정치교육·평화교육' 속에 숨은 목표」, 남북평화재단 평화이야기, 2013의 내용을 수정·보완한 것임을 밝힘.

273 최영태, 『독일 통일의 3단계 전개 과정』, (아침이슬, 2018), pp.13~20

274 최영태(2018), pp.255~256

275 최영태(2018), pp.39~40

276 이동기, 『비밀과 역설』, (아카넷, 2020), pp.83~85

277 이동기·송영훈, 『평화·통일교육 추진전략 연구』, (유네스코한국위원회, 2014), p.51

278 변준희, "평화공공외교를 위한 미래세대교육", 『아시아 민주주의와 한반도 평화를 위한 새로운 모색』, 2021서울민주주의포럼(2021) 내용을 수정·보완한 것임을 밝힘.

279 강순원, 『분단을 넘어서 북아일랜드 통합학교 기행』, (한울, 2017), pp.13~15

280 강순원,"북아일랜드 분단극복 교육운동이 한국 평화·통일교육 재개념화에 던지는 시사점," 『통일문제연구』, 2019 하반기 제31권 2호(2019), pp.179~186

281 강순원, 『분단을 넘어서 북아일랜드 통합학교 기행』, (한울, 2017), pp.19~21

282 강순원(2017), pp.24~32

283 윤성욱·김유정, "한반도 경제공동체 모델 발굴을 위한 유럽 경제통합 사례," 윤성욱·안병억·김유정 엮음, 『EU에서 한반도의 미래를 찾다』, (메디치미디어, 2021), pp.148~156

284 최영태, 『독일 통일의 3단계 전개과정』, (서울:아침이슬, 2018), pp.36~37

285 김병로, "한반도 신통일구상과 창조적 관여: 북한의 '두 국가' 정책에 대한 한국의 대응 모색," 『익숙한 미래? 한국국제정치의 새로운 상상력』 (한국국제정치학회 2024 하계학술대회, 2024.6.26.~28., 강릉 라카이 샌드파인 리조트)

286 최태육, 『어떻게 그럴 수가 있는가』, (작가들, 2018), pp.179~183

287 윤성욱, "한반도 경제통합 방향" 『EU에서 한반도의 미래를 찾다』, (메디치, 2021), pp.237~239

288 윤성욱·김유정, “한반도 경제공동체 모델 발굴을 위한 유럽 경제통합 사례,” 윤성욱·안병억·김유정 엮음, 『EU에서 한반도의 미래를 찾다』, (메디치미디어, 2021), pp.140~153

289 정주진, 『평화를 보는 눈』, (개마고원, 2017), pp.17~18

290 김연철·서보혁·황수환, 『평화학 개론』, (박영사, 2022), pp.15~17

291 정주진, 『평화를 보는 눈』, (개마고원, 2017), pp.18~19

292 정주진(2017), pp.19~23

293 김병로, 『한반도 發 평화학』, (서울: 박영사, 2021), pp.69~70

294 정주진, 『평화를 보는 눈』, (개마고원, 2017), pp.23~24

295 서보혁·허지영, “서문: 연구의 의의와 범위,” 서보혁·이성용·허지영 엮음, 『폭력개념 연구』, (모시는사람들, 2024)

296 서보혁·정주진, 『평화운동』, (진인진, 2018), p.19~26

297 김연철·서보혁·황수환, 『평화학 개론』, (박영사, 2002), p.26

298 김병곤·김진환·민경태·서보혁·이인정·정은찬·차문석, 『2021 한반도 평화 이해』, (국립통일교육원, 2021), pp.25~26

299 문아영, “평화 세우기와 평화교육의 역할”, 『아시아 민주주의와 한반도 평화를 위한 새로운 모색』, 2021서울민주주의포럼(2021), pp.124~126

300 서보혁, 『한국 평화학의 탐구』, (박영사, 2019), pp.26~29

301 정창우·노영란·정희태·박성춘·문일호·김성관·김정민·정병석·김석태·이수빈·이주은·이지연·정나나, 『중학교 도덕②』, (미래엔, 2021), pp.49~51.

302 차우규·양정석·황보근영·김상희·허은영·이형주·오진혁·이지훈·허꽃별, 『중학교 도덕②』, (금성출판사, 2020), pp.47~48.

303 김병곤·김진환·민경태·서보혁·이인정·정은찬·차문석, 『2021 한반도 평화 이해』, (국립통일교육원, 2021), pp.37~41.

304 정윤수·정주진·최영은·박윤경·오창익·정창수, 『인간은 왜 폭력을 행사하는가』, (철수와영희, 2018), pp.73~76

305 김병로, “한반도 비평화와 분단폭력,” 김병로·서보혁 엮음, 『분단폭력』, (아카넷, 2016), pp.40~46

306 김병로(2016), pp.40~50

307 김병로(2016), pp.41~53

308 정주진, 『평화를 보는 눈』, (개마고원, 2017), pp.161~164

309 서보혁·정주진, 『평화운동』, (진인진, 2018), pp.30~32

310 KBS뉴스, https://news.kbs.co.kr/news/pc/view/view.do?ncd=4140093(검색일 : 2024.1.14.)

311 KBS뉴스, https://news.kbs.co.kr/news/pc/view/view.do?ncd=4138266(검색일 : 2024.1.14.)

312 김연철·서보혁·황수환, 『평화학 개론』, (박영사, 2002), pp.131~132

313 메리 와인 애슈포드·기 도운시, 『평화 만들기 101』, (동녘, 2011), pp.86~89

314 김연철·서보혁·황수환, 『평화학 개론』, (박영사, 2022), pp.134~136

315 김병로, "과거의 부정적 집단 갈등 경험 다루기," 고재백·오유석·허고광 엮음, 『용서와 화해 그리고 치유』, (새물결플러스, 2022), pp.106~107

316 고재백, "세계 현대사 속 과거사 청산과 역사 화해의 노력들," 고재백·오유석·허고광 엮음, 『용서와 화해 그리고 치유』, (새물결플러스, 2022), pp.142~143

317 김병로, "과거의 부정적 집단 갈등 경험 다루기," 고재백·오유석·허고광 엮음, 『용서와 화해 그리고 치유』, (새물결플러스, 2022), pp.107~109

318 이해완, "용서와 화해, 그 불가능에서 가능성으로 가는 길," 전우택 엮음, 『용서와 화해에 대한 성찰』, (명인문화사, 2019), pp.43~49

319 박명규, "평화와 화해: 책임정치와 심정윤리의 간극," 전우택 엮음, 『용서와 화해에 대한 성찰』, (명인문화사, 2019), pp.139~141

320 김회권, "예언자들의 회복적 정의와 사회적 치유 사상에 나타난 용서와 화해," 전우택 엮음, 『용서와 화해에 대한 성찰』, (명인문화사, 2019), pp.118~119

321 김회권(2019), pp.120~121

322 김회권, "예언자들의 회복적 정의와 사회적 치유 사상에 나타난 용서와 화해," 전우택 엮음, 『용서와 화해 그리고 치유』, (새물결플러스, 2022), pp.109~116

323 새뮤얼 보울스·허버트 긴티스, 『협력하는 종』, (한국경제신문, 2016), pp.23~24

324 애덤 카헤인, 『협력의 역설』, (메디치미디어, 2020), p.37

325 요차이 벤클러, 『펭귄과 리바이어던, 협력은 어떻게 이기심을 이기는가』, (반비,2024), pp.22~27

326 슈우너머N, 『진화와 협력 고전으로 생각하다』, (너머학교, 2016), pp.141~160

327 요차이 벤클러, 『펭귄과 리바이어던, 협력은 어떻게 이기심을 이기는가』, (반비,2024), pp.26~34

328 요차이 벤클러(2014), pp.227~234

329 애덤 카헤인, 『협력의 역설』, (메디치미디어, 2020), p.40

330 애덤 카헤인(2020), pp.41~43

331 애덤 카헤인(2020), pp.43~45

332 애덤 카헤인(2020), pp.73~77

333 애덤 카헤인(2020), pp.46~56

334 애덤 카헤인(2020), pp.58~59

335 애덤 카헤인(2020), pp.59~60

336 애덤 카헤인(2020), p.60

337 애덤 카헤인(2020), pp.58~59

338 애덤 카헤인(2020), pp.32~35

339 애덤 카헤인(2020), pp.95~119

340 애덤 카헤인(2020), pp.120~144

341 애덤 카헤인(2020), pp.145~156